あなたにも教えたい 四万温泉

小暮 淳

上毛新聞社

あなたにも教えたい 四万温泉

四万には、コンビニがありません。
四万には、信号機がありません。
四万には、歓楽施設がありません。

でもここには、青く澄んだ川の流れと、こんこんと湧き出す
豊潤な温泉、そして何百年もの間、湯とともに暮らしてきた
素朴な人たちが生きています。
四万には37軒の宿があり、43本の源泉が湧いています。
そのうち40本が、自然湧出です。

「何もない」のではなく、「湯がある」ことへの畏敬《いけい》の思いが、
変わることのない四万温泉を守り継いでいるのです。

【もくじ】*Contents*

あなたにも教えたい　四万温泉

群馬県には約90カ所の温泉地がありますが、四万温泉は古くから草津温泉、伊香保温泉とともに「上州三名湯」の一つに数えられた群馬を代表する温泉地です。肌にやさしい湯の効能は、草津の仕上げ湯ともいわれ、室町時代から湯治場として栄えてきました。

四万温泉

37 つるや
36 中生館
35 ひなたみ館
34 寿屋旅館
33 山ばと
32 伊東園ホテル四万
31 三国園
30 四万ゆずりは荘
29 花の坊
28 佳元
27 叶屋旅館
26 くれない
25 四万たむら
24 四万グランドホテル
23 積善館 佳松亭・山荘
22 積善館 本館
21 民宿 中村屋
20 唐沢屋旅館
19 やまの旅館
18 一花館
17 はつしろ旅館
16 なかざわ旅館
15 旅館 若山
14 あやめや旅館
13 三木屋旅館
12 いずみや
11 鍾寿館
10 豊島屋
9 つばたや旅館
8 山田屋旅館
7 四万やまぐち館
6 もりまた旅館
5 白岩館
4 長静館
3 竹葉館
2 四萬館
1 柏屋旅館

浮世を離れて、湯《とう》源《げん》郷《きょう》へ

中之条町の市街地を抜けて、最後のコンビニと信号機に別れを告げる。

トンネルをくぐり、沢渡《さわたり》温泉へ向かう県道を見送ると、もうここからは一本道だ。カーナビもいらない。国道は終点の四万温泉まで、ただひたすらに延びている。

あと、10キロ。

目が覚めるようなエメラルドグリーンの水面をたたえる四万湖を過ぎると、四万川の流れが車窓の右手へと変わった。付かず離れず、山あいをゆったりと国道に伴走しながら流れていく。

不意に道路が、知ったメロディーを奏でだした。四万温泉の旅館がモデルとなった映画『千と千尋の神隠し』の主題歌である。メロディーラインの調べに迎えられて、やがて国道はもう一度、四万川を渡る。

ここからは、もう浮世の外。世のちりを洗う、湯源郷だ。

吾妻川

四万湖

甌穴

この本の使い方

◎エリアごとに色分けしてあります。（上が吾妻エリアのカラー、下が四万温泉の地区カラーです）

◎写真は宿の特徴、環境、雰囲気、お湯の状況を重視して掲載しました。

◎お宝は、宿が大切にしている物を「思い」とともに掲載しました。

日向見地区 31

ペットは家族の一員、部屋も食事も入浴も一緒

◆四《し》万《ま》温泉「三《み》国《くに》園《えん》」

ひなたみ大橋を渡り日向見地区へと入ると、すぐに「三国園」の看板が目に入る。急な坂道を上り詰めると、静かなたたずまいの和風旅館が現れた。

一見、普通の旅館に見える。ところが1台の県外ナンバーの車が入ってくると、客人と一緒に1匹のビーグル犬が降りてきて、そのまま宿の中へ入って行ったのである。後から続くと、ロビーにはシーズーとチワワとプードルまでいる。ここは犬専用の旅館なのだろうか。

「いえいえ、うちにはカメもコイも熱帯魚もいますよ。泊まりにくるペットも犬だけではありません。ネコ、小鳥、ウサギ、サル、ペレット……」と、私の驚く顔を見ながら2代目主人の小林久雄さんが笑う。

最近はペットと宿泊できるペンションなども増えてきたが、同館は昭和42年創業の全国でも老舗のペットと泊まれる温泉旅館なのだ。

「きっかけは、盲導犬を連れたお客さんが泊まられたことでした。お帰りのとき、犬の毛を気にして一生懸命に部屋の掃除をしていらしたんですね。だったらいっそのこと、犬好きが気をつかわなくてすむペット連れ専用の宿にしてしまおうと思ったんですよ」

今では、ほぼ100パーセント近くがペットと一緒の客だという。

玄関にはペットの足ふきタオルが、また各階の廊下にはペット専用の冷蔵庫と電子レンジが置かれている。「ふだん食べ慣れたものを食べさせて欲しい」との思いから、あえて宿ではペット用の食事は用意していない。飼い主が持参するため、ペットの宿泊料金は無料である。

「ペットは家族の一員です。ですから私どもでは、乳幼児あつかいとさせていただいております」

部屋も一緒、食事も一緒、露天風呂も一緒。「こんな温泉旅館を探していた」というペット好きたちが、今日も全国からやって来る。

■源泉名：四万温泉　山鳥の湯・湯の泉の湯の混合泉　■湧出量：測定せず（自然湧出）　■泉温：49.4℃　■泉質：カルシウム・ナトリウム－硫酸塩温泉　■効能：神経痛、筋肉痛、関節痛、打ち身、動脈硬化ほか　■温泉の利用形態：加水なし、季節により加温あり、完全放流式

お宝

ロビーにそびえるケヤキの巨木。樹齢は推定約500年、1階から2階へ突き抜ける姿は神々しいほど。長年ここで客人たちを出迎えてきた宿の御神木だ。

四万温泉 旅館 **三国園**

〒377-0601 群馬県吾妻郡中之条町四万4362-5
TEL.0279-64-2231　FAX.0279-64-2232

電車：JR吾妻線、中之条駅からバス（約40分）で「四万温泉駅」下車。宿泊送迎あり。
車：関越自動車道、渋川伊香保ICより約60分。

■客室：11部屋　■収容人数：60人　■内風呂：男1・女1　■露天風呂：貸切1（ペット用浴槽付き）　■宿泊料金：1泊2食　10,650円～（ペットは無料、ただし犬は室内犬のみ）

93　92

◎源泉名、湧出量、泉温、泉質、効能、温泉の利用形態を明記しています。

◎宿泊送迎ありの表記は、宿泊の方のみの送迎です。

◎宿泊料金は最低料金からの目安となっています。

※効能区分は代表的な効能を取り上げており、各温泉施設により効能の詳細が違う場合があります。
ご利用の際は各宿にご確認ください。

※日帰り入浴の営業日・営業時間・料金などは、あらかじめ確認の上ご利用ください。
（宿の状況によりご利用になれない場合もあります）

※交通手段や時間はおよその目安です。また、扉などに掲載の地図はすべて略図ですので、正確な地図とは誤差があります。あらかじめご了承ください。

※この本の掲載内容は2011年8月現在のものです。

温泉口地区

■温泉口地区 お宿マップ

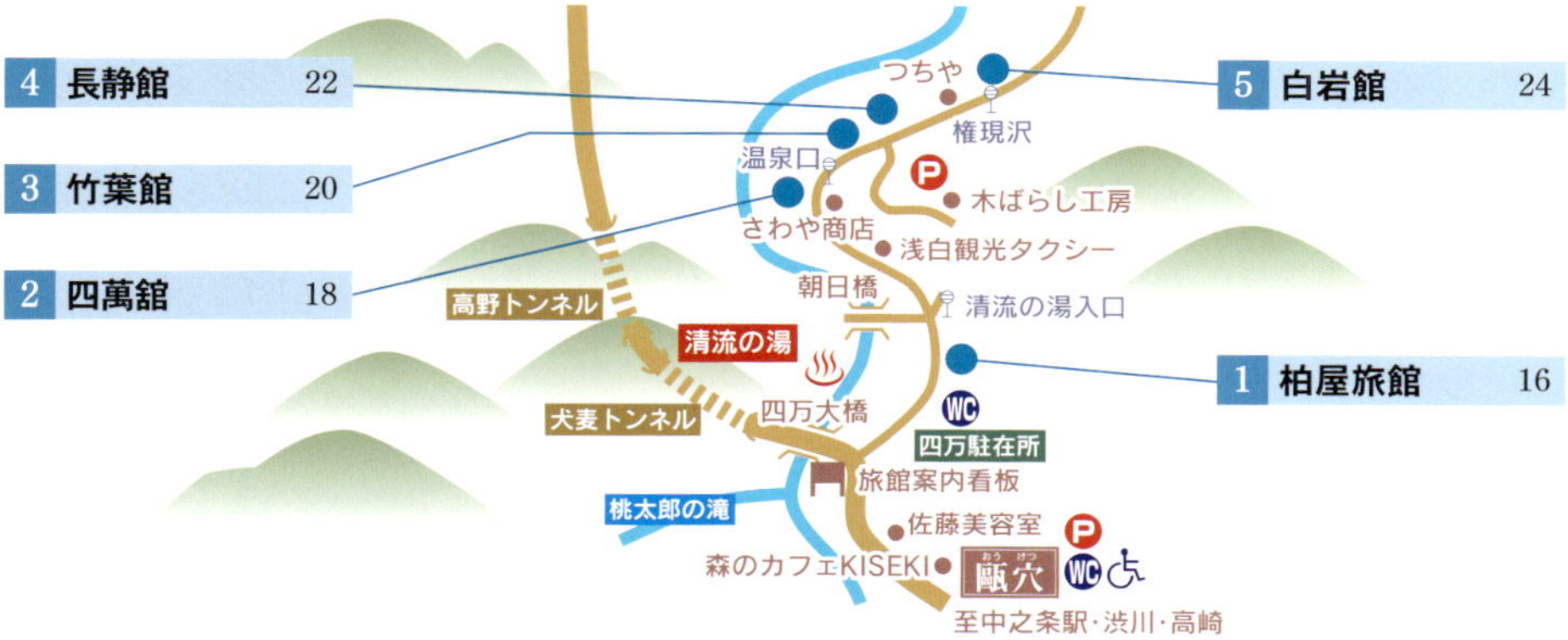
4 長静館 22
3 竹葉館 20
2 四萬館 18
5 白岩館 24
1 柏屋旅館 16
つちや
権現沢
温泉口
木ばらし工房
さわや商店
浅白観光タクシー
朝日橋
清流の湯入口
高野トンネル
清流の湯
四万大橋
犬妻トンネル
WC
四万駐在所
旅館案内看板
桃太郎の滝
佐藤美容室
P
森のカフェKISEKI
甌《おう》穴《けつ》
WC
至中之条駅・渋川・高崎

温泉口地区

ここは四万の玄関口、温泉街の始まり

県の天然記念物に指定されている「甌穴《おうけつ》」を過ぎると、国道はふたたび四万川を渡るが、その手前、四万大橋のたもとに最初の旅館案内看板が立っている。

ここから四万温泉が始まる。

橋の上から見渡すと、温泉街の地形がよく分かる。川の流れに沿って左岸に旅館が点在している。眼下に見えるのは、町営の日帰り入浴施設「清流の湯」だ。川面に手が届きそうな野趣にあふれた露天風呂は、玄関口にふさわしい、まさに

温泉街の顔。四万デビューを、ここから始める観光客も多いようだ。

　湯上がりは散策をかねて、山腹の「木ばらし工房」まで足を延ばしてみたい。京都から移築された４００年前の建物の中は、からくり玩具やミニチュア家具、人形などの展示販売がされていて、思い出づくりの木工体験ができる。文豪・太宰治が宿泊した部屋も現存している。

樽風呂で流れる雲とおぼろの月を仰ぐ

◆四《し》万《ま》温泉「柏《かしわ》屋《や》旅《りょ》館《かん》」

四万川に架かる四万大橋のたもとから、温泉街は始まる。「温泉口」へ入り、最初に旅人を迎えてくれる宿が柏屋旅館だ。

「民宿として営業を始めたのは昭和51年のこと。でも柏屋としての創業は古いんです」と3代目主人の柏原益夫さんは、その歴史を話してくれた。

四万温泉の旅館で番頭をしていた祖父が、戦後まもなく「新湯」で衣料品店を開業したのが柏屋の始まりである。昭和30年代には屋号を柏屋洋品店と改め、衣料品とともに化粧品の販売を始めた。その後、「温泉口」で民宿を開業、のちに増改築を経て現在にいたる。で、新湯の洋品店はどうなったかというと、今は「柏屋カフ

■源泉名：四万温泉　長静館の湯 ■湧出量：測定せず（自然湧出） ■泉温：56.7℃ ■泉質：カルシウム・ナトリウム－塩化物・硫酸塩温泉 ■効能：神経痛、筋肉痛、関節痛、運動まひ、五十肩ほか ■温泉の利用形態：季節により加水あり、季節により加温あり、放流一部循環併用（一部露天風呂は完全放流式）

エ」へとリニューアルし、温泉街の新たな顔として彩りを添えている。「四万温泉をもっと面白くしたい」という3代目主人らしい発想である。

そんな主人のこだわりが、館内随所でうかがえる。たとえば大浴場へ向かう途中にある「湯上がりライブラリー」。落ち着いた空間で読書が楽しめる。書棚に目をやると、私の本も並んでいるではないか。それだけで、このスペースを気に入ってしまった。

何はともあれ、宿に着いたら湯を浴《あ》みたい。浴衣に着替えて、まずは大浴場の「光乃湯」へ。ヤマユリのステンドグラスが夕刻のやわらかい日の光に照らされて、今日もいい雰囲気をかもし出している。四万でも私のお気に入りの湯屋の一つである。

食後は、以前から一度浴んでみたかった露天風呂の「月乃湯」へ。木曽産の高野槙《まき》を使った樽《たる》風呂に入り、源泉をひとりじめ。空を仰げば、おぼろの月が怪しくも色っぽい。流れる雲を追いながら月見風呂だなんて、なんて粋な晩だろうか。

お宝

柏屋カフェ

柏屋旅館の前身、創業当時の「柏屋洋品店」の写真（右上）と現在の「柏屋カフェ」。柏屋の歴史は、この場所から始まった。

四万温泉 柏屋旅館

〒377-0601 群馬県吾妻郡中之条町四万3829
TEL.0279-64-2255　FAX.0279-64-2973

電車：JR吾妻線、中之条駅からバス（約40分）で「清流の湯入口」下車。徒歩約2分。
車：関越自動車道、渋川伊香保ICより約60分。

■客室：15部屋 ■収容人数：53人
■内風呂：男1・女1 ■露天風呂：貸切3
■宿泊料金：1泊2食 10,150円～

通り抜ける風に 文豪たちの笑い声を聴いた

◆四《し》万《ま》温泉「四《し》萬《ま》舘《かん》」

太宰君は人に恥をかかせないように気をくばる人であった。いつか伊馬君の案内で太宰治と一緒に四万温泉に行き、宿の裏で私は熊笹の竹の子がたくさん生えているのを見て、それを採り集めた。そのころ私は根曲竹と熊笹の竹の子の区別を知らなかったので、太宰君に『この竹の子は、津軽で食べている竹の子だね』と云って採集を手伝ってもらった。太宰君は大儀そうに手伝ってくれた。」

（「太宰治のこと」
昭和28年9月『文学界』）

昭和15年4月、作家の井伏鱒二は太宰治ら数名と四万温泉に来遊している。そのとき泊まった宿が四萬舘だっ

■源泉名：四万温泉　四万館の湯　■湧出量：750ℓ／分（自然湧出）　■泉温：55.2℃　■泉質：ナトリウム・カルシウム－塩化物・硫酸塩温泉　■効能：慢性リウマチ、腰痛、神経痛、通風、婦人病、胃腸病ほか　■温泉の利用形態：季節により加水あり、加温なし、完全放流式

た。今でも文豪たちが投宿した部屋が、裏山の中腹に残されているというので訪ねることにした。

バス通りを渡り、急峻《きゅうしゅん》な山道に差しかかると、途端、山肌一面を覆う笹の群生に出合った。覗《のぞ》き込んで見れば、小さく細い竹の子がニョキニョキと顔を出している。「あっ、井伏鱒二が食用の根曲がり竹と間違ったのは、この竹の子のことだったのか……」独りごちながら、1本手折って鼻先に近づけた。ツーンと青臭いにおいがする。結局、井伏鱒二は、この竹の子をうちに持ち帰って、料理して食べてしまったという。師弟関係にある2人ならではのエピソードである。

京都から移築された400年前の建物は、現在、木工芸品の工房になっている。太宰らが宿泊した戦前は、四萬館の客室（特別室）として四万川対岸にあったが、昭和30年代になって2階部分だけをこの場所に移築したのだという。柱や梁《はり》、縁側部分は当時のままで、どっぷりと文豪たちに思いをはせることができた。

宿にもどり、2人が入ったという「亀の湯」へ向かったが、あいにく現在は女性専用風呂になっていた。仕方なく「とんぼの湯」にて、文豪気分を味わうことにした。

お宝

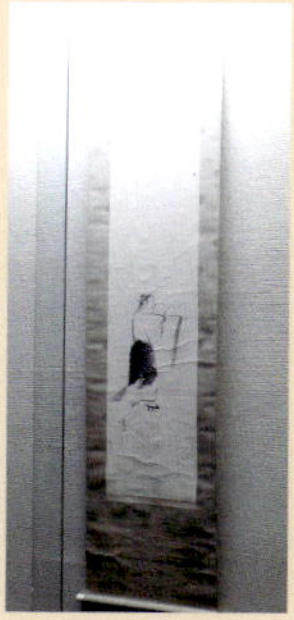

現主人の祖父が東京の骨董商から購入した日本画家、下村観山の2枚組掛け軸。テレビ「なんでも鑑定団」で、本物と鑑定された正真正銘のお宝だ！

四万温泉 湯元 四萬舘

〒377-0601 群馬県吾妻郡中之条町四万3838
TEL.0279-64-2001　FAX.0279-64-2003

電車：JR吾妻線、中之条駅からバス（約40分）で「温泉口」下車。すぐ前。
車：関越自動車道、渋川伊香保ICより約60分。

■客室：41部屋　■収容人数：150人　■内風呂：男1・女1　■露天風呂：男3・女1・混浴2・貸切6　■温泉プール：1　■宿泊料金：1泊2食 8,130円～

湯治場風情が今に残る半自炊の滞在宿

◆四万《しま》温泉「竹葉館《ちくようかん》」

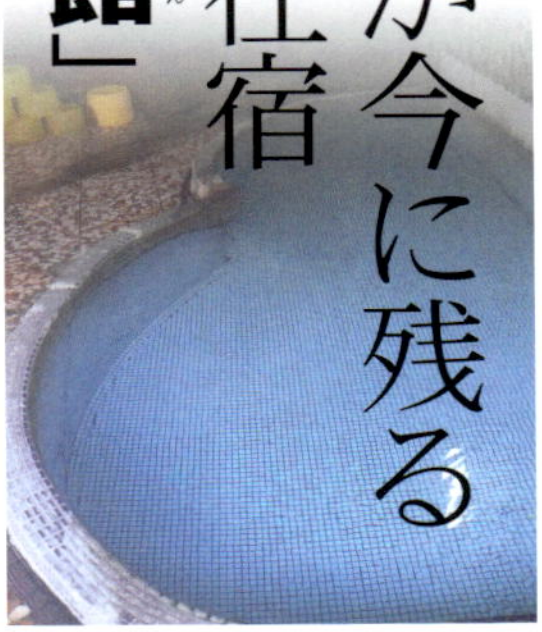

ゆるやかな坂道を上がると、昔風のたたずまいを見せて、その宿はあった。

昭和17年創業の「竹葉館」は、今でも四万温泉で唯一、自炊のできる湯治宿である。

「春、夏、冬と農閑期になれば、湯治客が最低でも1週間は滞在していたものです」と、2代目主人の折田勝美さん。昭和41年に、先代の父親の後を継いだ。

「夏の前半は都会の人たち、後半は近在の農家の人たちで、毎年毎年、予約表はビッシリと埋まっていたよ」

戦後になっても四万温泉は、"世のちり洗う"秘湯の湯治場だったが、それも40年代まで

だった。高度成長の波に乗り、当地もご多分にもれず1泊2日の観光客がやってくるようになった。「一般旅館のように板前を入れて商ってた時期もあったんです」と述懐する。

平成に入り、ご主人は本来の湯治場の姿へ戻そうと、滞在型の半自炊システムに切り換えた。半自炊とは、ご飯とみそ汁は宿が用意してくれ、おかずは客自身が調理場を使って作るというもの。よって食材は客が事前に用意するか、外へ買い出しに出る。もちろん酒類の持ち込みもOKだ。

浴室へ下る、ほの暗い階段に昔なつかしい湯治場風情が残っている。階下から蒸された空気が漂ってくる。一段一段、足を下ろすたびに、平成から昭和へと時を巻き戻していくようだ。

岩風呂からは、四万川の対岸から延びてくるパイプが見える。そのパイプを目でたどると、川を渡り窓から浴室に入り、そのまま浴槽へと湯が注ぎ込まれていた。なんとも素朴な給湯方法が気に入った。

「湯への感謝を忘れてはいけません。こんなドン詰まりの土地、温泉がなかったら誰も来やしませんからね」。ご主人の言葉が、湯と一緒に体の芯まで染みてくる。

■源泉名：四万温泉　四万館の湯　■湧出量：測定せず（自然湧出）　■泉温：55.2℃　■泉質：ナトリウム・カルシウム－塩化物・硫酸塩温泉　■効能：神経痛、筋肉痛、関節痛、五十肩、運動まひ、慢性消化器病ほか　■温泉の利用形態：加水なし、加温なし、完全放流式

お宝

カメラ好きの主人のために、お客さんから贈られたユニークなプレゼント。どこから見ても望遠レンズに見えるが、実はレンズ型したドリンクカップ。

四万温泉 竹葉館

〒377-0601 群馬県吾妻郡中之条町四万3838
TEL.0279-64-2221

電車：JR吾妻線、中之条駅からバス（約35分）で「温泉口」下車。徒歩約１分。
車：関越自動車道、渋川伊香保ICより約60分。

■客室：10部屋　■収容人数：30人　■内風呂：男1・女1　■宿泊料金：1泊素泊まり　5,000円～　２人３泊以上1人1泊 4,000円～　■日帰り入浴：可

温泉宿本来の姿を守りつづける女将のこだわり

◆四万《しま》温泉「長《ちょう》静《せい》館《かん》」

「華美な宿ではありませんが、お湯が分かる人なら、きっと満足していただけると思います」3代目女将《おかみ》の新井直美さんの言うとおり、実にシンプルな宿である。

木のぬくもりを感じる吹き抜けのロビー、その先に四万川の清流をのぞむテラスが見える。家具や調度品にしても奇をてらったものはなく、ただそこには静かに時間が流れているだけ。一人旅や仕事を持ち込む連泊客が多いのも、うなずける。

浴室も男女別の内風呂と露天風呂が1つずつ。「先祖から受け継いだ大切な湯のことを考えれば、かけ流しにできる

■源泉名：四万温泉　長静館の湯　■湧出量：測定せず（自然湧出）　■泉温：56.7℃　■泉質：ナトリウム・カルシウムー塩化物・硫酸塩温泉　■効能：神経痛、筋肉痛、関節痛、運動まひ、五十肩、婦人病ほか　■温泉の利用形態：季節により加水あり、加温なし、完全放流式

湯の量には限界があります。つねに湯を最上の状態でお客さんに提供したいから」と、温泉宿本来の素朴なスタイルを守り続けている。

創業は昭和34年。源泉を所有していた主人の祖父が、この地で旅館を始めた。その後、義母が引き継ぎ、平成17年に長男の嫁である直美さんが3代目の湯守《ゆもり》となった。

4年前、リニューアルした際に思い切って客室を減らした。それは彼女がイメージするベーシックな旅館の姿に、より近づけるためだった。「お湯が分かる人に来てほしくて、温泉宿に不必要な付加価値の部分はすべて取り除きました」と、今のスタイルをつくり上げた。

客室はわずか9部屋。それでも予約の受付から接客までを一人でこなしているため、現状を維持するのが精一杯だという。料理も板長と2人で、地元の素材を生かした手作りの味を一品ずつ出している。過度なサービスはないが、そのぶん「温泉宿へ来たんだ」という充足感がある。女将の人柄が、そう感じさせるのかもしれない。

自然石に囲まれた露天風呂から、コバルトブルー色した四万川を見下ろしていた。あれはイワナかヤマメか？　遊泳する魚の影に誘われて、こちらも優雅な湯浴《あ》みを楽しむことができた。

お宝

平成19年のリニューアル時に出てきた盃《さかずき》やお櫃《ひつ》など、家紋の「井桁《いげた》」が入った品々。塗り直しながら、大切に使っている。

四万温泉 湯元 長静館

〒377-0601 群馬県吾妻郡中之条町四万3843-7
TEL.0279-64-2311　FAX.0279-64-2813

電車：JR吾妻線、中之条駅からバス（約40分）で「権現沢」下車。徒歩1分。
車：関越自動車道、渋川伊香保ICより約60分。

■客室：9部屋　■収容人数：20人　■内風呂：男1・女1　■露天風呂：男1・女1（貸切時間あり）　■宿泊料金：1泊2食 12,750円～

古き良き四万旅情を伝える湯けむりの宿

◆四万《しま》温泉「白《しら》岩《いわ》館《かん》」

“雨やどり、どうぞ”入り口に掛かる木の札に誘われるように、傘のしずくを払いながら玄関をくぐった。

「お待ちしておりました」

3代目主人の島村岩雄さんが出迎えてくれた。

創業は昭和10年。祖母と母が始めた旅館を、岩雄さんが40年ほど前から継いでいる。

「ここは昔、四万《しま》村《むら》と呼ばれていました。島村姓は、ここで一番古い名字なんですよ」

そう言って、先祖のことや四万温泉の歴史を話してくれた。

「四万が今でも多くの根強い温泉ファンに愛され続けているのは、観光地にはない良さがあるからでしょうね」

確かに、四万温泉は温泉地

の規模にしては、華やかさに欠けるかもしれない。アクセスの不便さに加え、スーパーやコンビニなどの商店もない。でも、だからこそ湯治場として栄えてきたのかもしれない。そして今も、古き良き四万の旅情が、こうやって一軒一軒の宿に伝え、残されているのだ。

「2～3日泊まって、どこへも出かけずに部屋で、のんびり過ごすだけのお客様が多いんです」

”何もしない“とは、なんと贅沢《ぜいたく》なことか。でも、ご主人が言うように、それができるのは観光地ではないからである。

露天風呂へは階段を下りて、クネクネと迷路のような廊下を歩く。四万川へ突き出すように、自然石を配した湯舟が見える。川風を感じる「涼み処」もあり、夏の湯上がりは快適に過ごせそうだ。私が訪ねたのは冬、それも雨の日だった。よって内風呂をいただくことにした。

もうもうと立ち込める湯けむりが、湯量の豊富さを物語っている。湯舟につかると大きな窓越しに、渓流へ落ちる小さな滝と対岸へ渡る小さな木橋が見えた。どちらも雨に濡れ、湯にけむっている。なんとも旅情豊かな風景である。

■源泉名：四万温泉　四万館の湯　■湧出量：測定せず（自然湧出）■泉温：55.2℃　■泉質：ナトリウム・カルシウム－塩化物・硫酸塩温泉　■効能：神経痛、筋肉痛、関節痛、うちみ、くじき、慢性消化器病ほか　■温泉の利用形態：季節により沢水の加水あり、加温なし、完全放流式（露天風呂は循環ろ過）

お宝

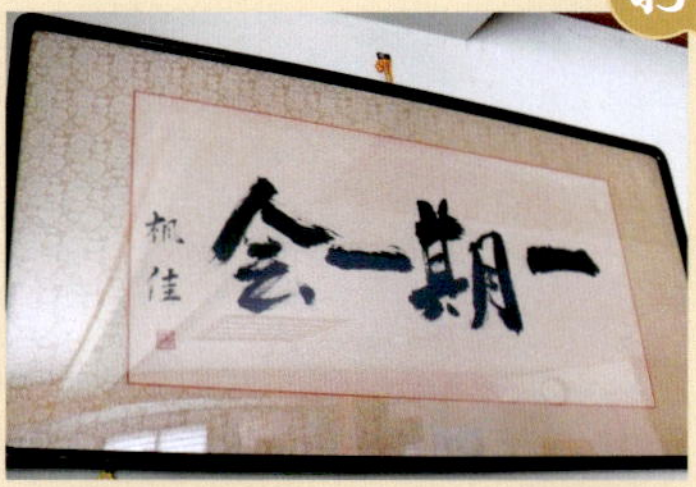

約20年前に先代女将の友人だった書道の先生が書いた言葉。今でも玄関ロビーに飾り、「一期一会」を座右の銘として大切にしている。

四万温泉 白岩館

〒377-0601 群馬県吾妻郡中之条町四万3843-2
TEL.0279-64-2124

電車：JR吾妻線、中之条駅からバス（約35分）で「権現沢」下車。すぐ前。
車：関越自動車道、渋川伊香保ICより約60分。

■客室：7部屋　■収容人数：35人　■内風呂：男1・女1　■露天風呂：男1・女1　■貸切風呂：1　■宿泊料金：1泊2食 7,300円～

【こらむ❶】 *Column*

蒼《あお》き四万川の流れ

四万を初めて訪ねる人は、まず水の流れの美しさに感嘆の声を上げる。

車窓から見える四万湖の深いエメラルドグリーン、川底に巨大な窪《くぼ》を開けた甌穴《おうけつ》に渦巻く水しぶき、温泉街を悠々と蒼穹《そうきゅう》を映しながら流れる四万川、橋のたもとで出合う新湯川、滝となって落ちる日向見川、そして〝四万ブルー〟と呼ばれる鮮やかなコバルトブルーに染まる神秘的な湖、奥四万湖。

四万川は三国山脈の雄峰、稲つつみ山にその源を発し、日向見川や新湯川、上沢渡川などの支流を合わせ、吾妻川に合流する延長約17キロの一級河川である。しかし、その水の清らかさは全国的に知られる四国の四万十川と比べられるほどに美しく、訪れる者の心に深く刻まれる。

四万の人たちは、口を合わせて誰もがこう言う。「四万は湯もいいが、水もいい。湯けむりと四万川の美しい流れが四万らしい風景」なのだと。

確かに、いつ、どこにいても、やさしく水の流れる音が聴こえてくる温泉地である。

山口地区

■山口地区 お宿マップ

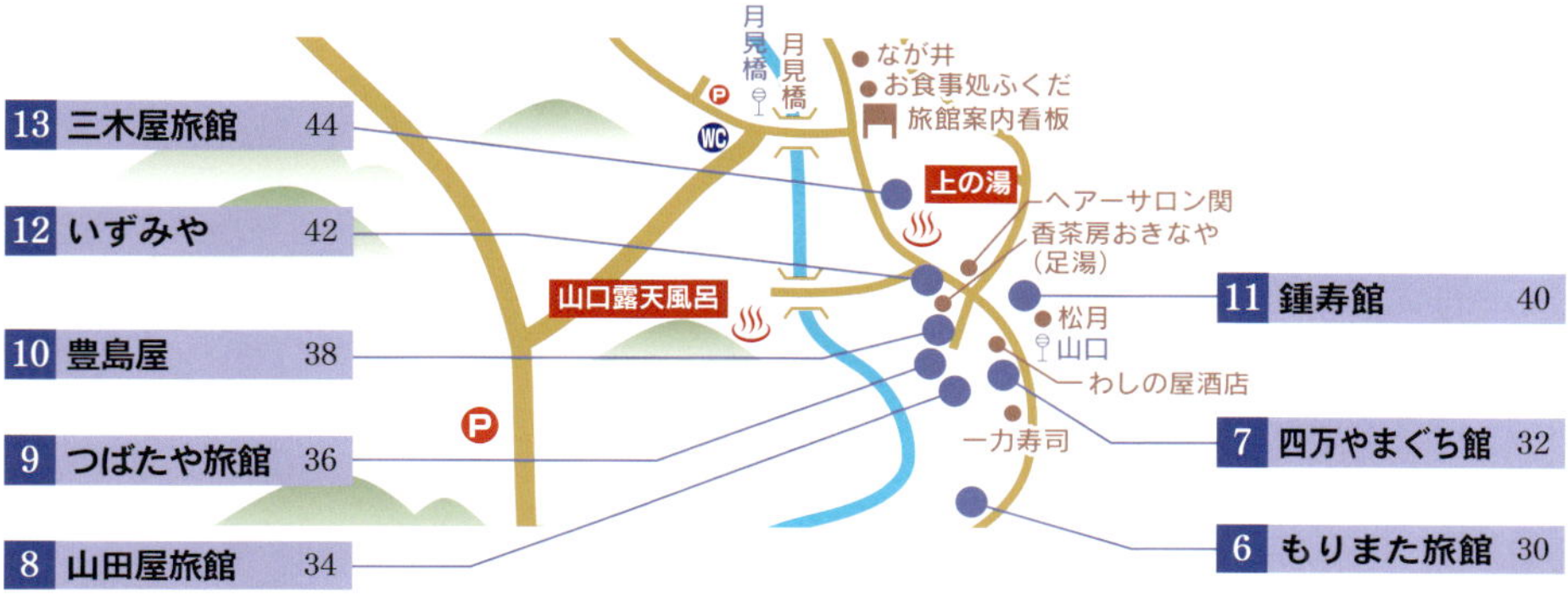
13 三木屋旅館 44
12 いずみや 42
10 豊島屋 38
9 つばたや旅館 36
8 山田屋旅館 34
月見橋
月見橋
WC
なが井
お食事処ふくだ
旅館案内看板
上の湯
ヘアーサロン関
香茶房おきなや
（足湯）
山口露天風呂
11 鍾寿館 40
松月
山口
わしの屋酒店
一力寿司
7 四万やまぐち館 32
6 もりまた旅館 30

山口地区

湯治場風情が漂う
どこか懐かしい

山道をバスに揺られ、長旅を終えて降り立ったとき、なんとも懐かしい風景が出迎えてくれた。

各旅館のサイン看板が、夕暮れの温泉街に明かりを落とす山口バス停は、心の中に描いた甘酸っぱいふるさとの香りにつつまれている。狭い町並みを走り去るバスの後ろ姿を目で追いながら、今日の宿へと歩き出す。いくつもの旅館が肩を寄せ合うように軒を連ねた湯の町風情。ここには古き良き湯治場の姿が、今も

まだ色濃く残っている。

　通りをはさんで湯けむりを上げる2つの共同湯、「上の湯」と「山口露天風呂」。坂道を上れば、温泉街を見下ろす高台に旧中之条町立第三小学校の木造校舎が建っている。四万川の流れとともに、何百年と旅人を受け入れてきた老舗旅館が多いのも、四万の湯宿発祥地ならではの情緒を感じる。

　歴史をさぐりながら、川風に吹かれてみたくなった。

源泉そのままの頑固な湯が浴槽を満たす

◆四万《しま》温泉「もりまた旅館《りょかん》」

「四万のことなら、何でも聞いてくれ！」

かくしゃくとした張りのある声に驚いた。

主人の森五郎さんは、御年85歳。しかも現役である。長男の嫁で、２代目女将《おかみ》のきよ子さんと２人で、宿の切り盛りをしている。

創業は昭和41年。森さんが41歳のときだった。

「16歳から40歳まで、ずーっと山仕事をしてたんだ。木を切り出して、ソリで運んで、炭を焼いていた。ほれ、その写真を見てみい」

指さした先には、壁にセピア色した写真が飾ってあった。トロッコに乗って木材を運ぶ男たちが写っている。

「先頭に乗っているのが親父だ。俺は一番後ろ、まだ16歳だったから……」

屋号の「もりまた」は、祖父の又次郎さんの名前をもらった。森家は石川県の出身で、祖父の代から四万に暮らすようになったという。

「なんでもいいから、早く風呂に入ってきなよ。とにかく、うちは湯がいいんだ。俺がこの歳まで元気でいられるのも、

みんな湯のおかげさ」

主人に追い立てられるようにして、浴場へ向かった。

階段を下りると、昭和のにおいが漂っていた。半自炊の湯治宿として商っていた頃の面影が、廊下の流し場などに残っている。やがて蒸された空気と湯けむりに迎えられた。

浴槽の縁からあふれ出る湯の量が半端ではない。

「うちの湯は、一切手を加えていないから熱いぞ。客が水で薄めるぶんには構わないがね」

そう言った主人の言葉どおりの湯が待っていた。でも熱いと感じるのは最初だけで、すぐにジンジンと湯がしみ込んできて、やがてスーッと体が楽になっていった。

主人のように、かなり頑固《がんこ》な湯である。

■源泉名：四万温泉　長静館の湯　■湧出量：測定せず（自然湧出）　■泉温：56.7℃　■泉質：ナトリウム・カルシウムー塩化物・硫酸塩温泉　■効能：神経痛、筋肉痛、関節痛、五十肩、運動まひ、慢性消化器病ほか　■温泉の利用形態：加水なし、加温なし、完全放流式

お宝

約60年前、大女将が旅館に嫁いだ際に、嫁入り道具として一緒にやって来た桐ダンス。表面は削り直され、今でも大切に使用されている。

四万温泉 もりまた旅館

〒377-0601 群馬県吾妻郡中之条町四万3849-1
TEL.0279-64-2226　FAX.0279-64-2286

電車：JR吾妻線、中之条駅からバス（約40分）で「権現沢」下車。徒歩約１分。
車：関越自動車道、渋川伊香保ICより約60分。

■客室：8部屋　■収容人数：15人　■内風呂：男1・女1　■宿泊料金：1泊2食　7,500円～　■日帰り入浴：可

湯と宿を守り続ける大岩とお題目露天風呂

◆四万《しま》温泉「四《し》万《ま》やまぐち館《かん》」

正面玄関に掛かる暖簾《のれん》に、「△□○」と染め抜かれている。”はじめ三角、次四角、まあるくなって、みんな円満“を表し、これで「やまぐちかん」と読む。なんとも粋でユニークな発想である。創業から300年以上も経つ、四万温泉屈指の老舗旅館でありながら、常に時代の流れを見つづけてきた先駆者でもある。

「あまりに古過ぎて、自分が何代目かは、分からんのですよ。ただ、大正4年に法人化してからは私で3代目になります」と主人の田村亮一さん。昭和55年に、現在の団体客を収容できる大型旅館に建て替えた。「それ以前は木造の3階建てで、

■源泉名：四万温泉　神告の湯・つばめの湯・第三の湯・菩薩の湯・かかし橋下の湯・滝の湯の混合泉　■湧出量：測定不能（自然湧出）　■泉温：53.1℃　■泉質：ナトリウム・カルシウム－塩化物・硫酸塩温泉　■効能：神経痛、筋肉痛、関節痛、五十肩、運動まひ、慢性消化器病ほか　■温泉の利用形態：加水なし、加温なし、完全放流式

湯治客相手の半自炊の宿でした」

いわゆる「おうかがい式」と呼ばれる湯治スタイルで、仕出し屋やみやげ屋が旅館に入り込み、客の注文を取って、惣《そう》菜《ざい》を届けていた。しかし高度成長期以降、団体客が増え、次第に宿が用意するお膳料理へと替わっていったという。

館内は各階ごとに、1丁目から8丁目と名付けられている。宿泊客は同じ町内の住人という発想だ。町の中心には広場があり、毎晩、お祭りが行われている。太鼓や踊り、そして「女将《おかみ》の紙芝居」も名物の一つ。テレビCMでもお馴染みの女将、田村久美子さんが登場すると、会場は一瞬にして華やぎ、観衆は夢中でカメラのシャッターを切っていた。このステージを楽しみにやってくるリピーターが多いという。

祭りのあとは、もう一つの名物「お題目大露天風呂」へ。大きな岩肌に”南無妙法蓮華経“の7文字が刻まれている。なんでも、幾たびも氾濫した四万川の水の流れを変えて、川べりにある同館を水害から守ってきた大岩だという。自然石に刻まれたお題目としては、日本最大級ではないかといわれている。

何百年もの間、湯と宿を守り続けてきた大岩に感謝しながら、極上の湯を堪能した。

お宝

20年ほど前、女将が最初に演じた紙芝居「やまんばと三まいのおふだ」。子どもたちを楽しませようと外で演じたのが始まりだった。前後編の2部作品。

四万温泉 四万やまぐち館

〒377-0601 群馬県吾妻郡中之条町四万3876-1
TEL.0279-64-2011 FAX.0279-64-2874

電車：JR吾妻線、中之条駅からバス（約40分）で「山口」下車。すぐ前。
車：関越自動車道、渋川伊香保ICより約60分。

■客室：77部屋　■収容人数：280人　■内風呂：男1・女1　■露天風呂：2（男女入替）　■貸切風呂：4　■宿泊料金：1泊2食 16,950円～　■日帰り入浴：可

かかしに見守られながら極上の湯を浴《あ》む

四万《しま》温泉「山田屋旅館《やまだやりょかん》」

四万温泉は川沿いに旅館が軒を連ねる、細長い温泉地だ。よって、どの地区も川と宿と道が、山と山の間で規則正しく並んでいる。大きな温泉街で見かける雑多な界隈《かいわい》を、ほとんど見かけない。たぶん、ここが四万温泉唯一の路地裏ではないだろうか。

山口バス停を降りて、旅館の黒塀に囲まれた小さな坂道を左へ曲がる。正面に大きなホテルのビル壁を仰ぎながら下ると、やがて「山田屋旅館」の看板が見えてきた。客室数たったの5部屋、収容人数12人という、小さな温泉宿である。

玄関を入ると正面に大きく描かれたかかしの絵。♪山田

の中の一本足のかかし〜♪なるほど、すぐに童謡「かかし」の歌詞を思い出した。

「はははっ、分かりましたか！　山田のかかしですよ」そう初代主人の山田耕三さんは、声高に笑った。今年で91歳になるというが、そうは見えない。かくしゃくとしている。その元気の源は、やはり温泉なのだという。

昭和42年に源泉を購入し、現在の旅館を開業した。それ以前は、湯治客相手に食料品や日用雑貨を売るよろず屋を商っていた。8年ほど前、女将が体調を崩したために宿を閉めた時期があったが、現在は息子の恒さんが後を継いでいる。

「私はお客さんに、必ずこうあいさつをします。うちの湯は、私のリウマチが治った湯です。自信を持って滞在してくださいってね」
浴室では、その主人自慢の自家源泉が、ふんだんにかけ流されていた。注ぎ込む湯口は2つ。約60度の源泉そのままと、加水することなく熱交換装置により冷ました源泉が、絶妙な配分で湯舟を満たしている。湧き水のように澄んだ清らかな湯が、サラサラと音を立てて流れていた。そして、ここでも、かかしが浴客を見守っていた。

■源泉名：四万温泉　かかしの湯－2　■湧出量：18ℓ／分（自然湧出）■泉温：60.1℃　■泉質：ナトリウム・カルシウム－塩化物・硫酸塩温泉　■効能：ヒステリー、神経衰弱、創傷、やけど、慢性皮膚病、リウマチほか　■温泉の利用形態：加水なし、加温なし、完全放流式

お宝

これが山田屋旅館のシンボルマーク「かかし」。デザインは初代主人が自ら手がけた。両手に弓と矢を持ち、大切な温泉と訪れる客人の健康を見守っている。

四万温泉 かかしの湯 山田屋旅館

〒377-0601 群馬県吾妻郡中之条町四万3893
TEL.0279-64-2912

電車：JR吾妻線、中之条駅からバス（約40分）で「山口」下車。徒歩約２分。
車：関越自動車道、渋川伊香保ICより約60分。

■客室：5部屋　■収容人数：12人　■内風呂：男1・女1　■宿泊料金：1泊2食 6,800円〜

わずか4部屋の宿に2本の自家源泉が湧く

◆四万《しま》温泉「つばたや旅《りょ》館《かん》」

四万温泉には、「必ず自分好みの宿がある」といわれる。何百人と収容可能な大旅館から家族だけで商う小さな民宿まで、旅の目的により自由に宿泊施設を選べるところが四万の魅力である。

老舗旅館が集まるバス通りから、四万川の河川敷へ下りるように細い路地を行く。一見、民家のようなたたずまいで、ひっそりと客人を迎える「つばたや旅館」は、1日わずか4組限定の四万温泉で一番小さな宿だ。

「小さな宿ですので、館内の移動が少なくて良いと、お年

■源泉名：四万温泉　つばたやの湯－1・2　■湧出量：70ℓ／分（自然湧出）■泉温：58.6℃　55℃
■泉質：ナトリウム・カルシウム－塩化物・硫酸塩温泉　■効能：神経痛、筋肉痛、関節痛、五十肩、冷え性、慢性消化器病ほか　■温泉の利用形態：加水なし（露天風呂は加水あり）、加温なし、完全放流式

寄りには喜ばれています」と2代目主人の田村浩基さん。6年前に東京でのサラリーマン生活に終止符を打ち、家族とともに生まれ育った四万温泉に帰ってきた。「やっぱり、四万の自然と温泉が好きなんですね」とUターンの理由を話す。

何と言っても宿の自慢は、自家源泉を2本も保有していることだ。1本は内風呂に、もう1本は露天風呂にと使い分けている点も、温泉好きにはたまらない。ちなみに内風呂で使用している温泉は、源泉に水を加えることなく熱交換システムにより温度を適温まで冷ましている。逆に熱交換で温められた水は、ホタルのエサとなるカワニナの飼育に利用されている。聞けば、田村さんは地元のホタル委員長として、四万温泉にホタルを復活させる運動を行っているのだという。

何はともあれ、湯を堪能することにした。裏口から屋外へ出て、急な階段で河川敷へ下りると、野趣に富んだ手作り露天風呂が現れた。ほとんど川の流れと同じ高さにあり、露天というよりは野天に近い。温泉好きにはたまらないシチュエーションだ。贅《ぜい》沢《たく》なまでに豊富な湯が、そのまま川へとかけ流されていた。

お宝

旅館を始める前から田村家にあった古時計。最近、主人が押し入れの中から発見！　バラバラになっていた部品を修理して動くようにした。

四万温泉 つばたや旅館

〒377-0601 群馬県吾妻郡中之条町四万3985
TEL.0279-64-2920

電車：JR吾妻線、中之条駅からバス（約40分）で「山口」下車。徒歩約３分。
車：関越自動車道、渋川伊香保ICより約60分。

■客室：4部屋　■収容人数：12人　■内風呂：貸切2
■露天風呂：混浴1　■宿泊料金：1泊2食 6,950円～
■日帰り入浴：可

湯の違いが際立つ自家源泉かけ流しの宿

◆四万《しま》温泉「豊《と》島《しま》屋《や》」

山口地区には、悠久の歴史を刻む老舗宿が多い。豊島屋も安政８（１８６１）年に描かれた四万温泉の絵地図に、すでにその名が記されている。

「私が何代目かは、正確には分からないんです。明治26（１８９３）年に山口地区は大火に遭い、豊島屋も焼け出されてしまいました。その後、本家は廃業、分家がこの地にもどり、明治28年に旅館を再生しました。この新創業より私で５代目となります」と現主人の田村明義さん。

昭和30年に先代が本館部分を鉄筋建てに改築したが、木造棟には現在でも明治当時の柱や梁《はり》が残されているという。老舗の味わいを守りながら、少しずつ時代のなかで変わり続けている。

私が最初に訪ねたのは、かれこれ10年前のこと。四万温泉協会主催のイベントがあり、当時、青年部の一員として活動していた主人には大変世話になった。あれから時は経ったが、豊島屋の湯へのこだわりは何一つ変わってはいない。

湯量豊富な四万温泉のなかでも、際立って豊富な湯量が湧く自家源泉を所有している。湧出時の温度が約60度という高温ながら、加水をすることなく熱交換式の冷却

装置を使用し、上質な源泉の成分を薄めることなく、そのまま浴槽へ注ぎ入れている。

その湯は、サラリとした浴感を持ちながらも、強く全身を抱きしめてくる。「どっぷり風呂」と名付けられた熱めの湯舟は、腰高ほどの深さがあり、湯浴《あ》みを存分に堪能できる。川風が抜ける露天風呂では、萌黄《もえぎ》色の新緑を愛《め》でながら、思いをめぐらしていた。最初に訪ねた晩は、確か雪が舞っていたことを思い出したのだ。

あれから10年―。湯も宿も人も、あの頃のままであることの喜びを感じながら……。

オリジナルの「岩魚の一夜干」

■源泉名：四万温泉　薬王の湯　■湧出量：測定せず（動力揚湯）■泉温：58.5℃ ■泉質：ナトリウム・カルシウム－塩化物・硫酸塩温泉 ■効能：神経痛、筋肉痛、五十肩、運動まひ、うちみ、くじき、冷え性ほか ■温泉の利用形態：加水なし、加温なし、完全放流式

お宝

明治時代、湯治客（画家）が同館の様子を描いたもの。現在の露天風呂あたりから対岸へ向かって吊り橋が架かっていたが、昭和初期に流出してしまった。

四万温泉 心身湯治の宿　清流館 **豊島屋**

〒377-0601 群馬県吾妻郡中之条町四万3887
TEL.0279-64-2134　FAX.0279-64-2135

電車：JR吾妻線、中之条駅からバス（約40分）で「山口」下車。徒歩約１分。
車：関越自動車道、渋川伊香保ICより約60分。

■客室：15部屋 ■収容人数：62人 ■内風呂：男1・女1 ■露天風呂：男1・女1 ■貸切風呂：2 ■宿泊料金：1泊2食 15,000円～

野山の自然そのままに湯をたたえる隠れ風呂

◆四《し》万《ま》温泉「鍾《しょう》寿《じゅ》館《かん》」

玄関へつづく坂道を上るたび、「ああ、また鍾寿館に来れた」という喜びに似た感情が、私を出迎えてくれる。明かりが灯った連《れん》子《じ》の格子窓が美しい木造りの外観に、ほっこりと旅装が解かれていくのである。

「かしこまらずに、普段着で来られる雰囲気づくりを心がけています。せっかく忙しい日常から離れて、浮世の外にある四万に来られたのですから」と4代目主人の田村徹さんは、いつもと変わらぬ穏やかな物腰で微笑む。思えば、徹さんとは長いお付き合いをさせていただいている。最初の出会いは、平成12年に開催された四万温泉協会主催によるイベントだった。

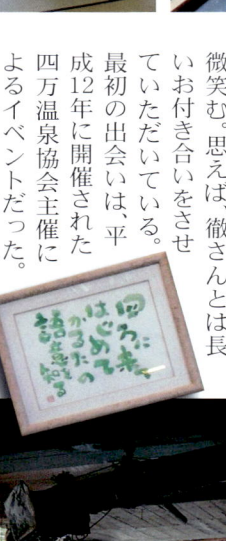

その時の思い出が、今でも2階へ向かう階段の踊り場に残されている。

水彩画と原稿用紙——恥ずかしい限りだが、私が描いた四万温泉の絵とコラムである。当時、出展した作品を、その後は徹さんの厚意により同館で展示していただいているのである。昔の恋人に再会したような何とも面はゆい心持ちで、踊り場を通り過ぎた。

客室へ向かう途中、中庭の前で手を合わせる。小さな祠《ほこら》があり、源泉そのものを御神体として祀《まつ》っている。湯への感謝を忘れていない、確かな湯守《ゆもり》がいる証《あかし》だ。

「源泉の湧出地が川側ではなく、山側にある宿は歴史が古いんですよ。動力に頼らず、湯を自然流下により浴槽まで引き入れることができますから」

2本の自家源泉の総湯量は毎分約200リットル。泉温約60度の恵まれた湯が、館内9つの浴槽を満たしている。季節や天候により微妙に変化するこれらの湯の温度を、窓の開閉や注ぎ込む湯の量を毎日、加減しながら常に適温を保っているのだという。

さて、浴衣に着替えたら、まずは日の沈まぬうちに「山里乃湯」へ行こう。裏山の中腹に湯をたたえた野趣あふれる露天風呂だ。野山の自然をそのままに、あえて手を加えていないのがいい。ここでもまた湯の中で「ああ、鍾寿館に来た」と、感嘆の声を上げてしまうのである。

■源泉名：四万温泉　常盤の湯・塩の湯 ■湧出量：200ℓ／分（自然湧出） ■泉温：59.7℃　60.9℃ ■泉質：ナトリウム・カルシウム－塩化物・硫酸塩温泉　■効能：神経痛、筋肉痛、婦人病、冷え性、慢性消化器疾患ほか ■温泉の利用形態：季節により加水あり、加温なし、完全放流式

お宝

先代の女将が嫁いで来た時に、実家から一緒に持ってきたシャコバサボテン。50年以上経った今でも毎年、晩秋になると紅紫色の花を咲かせている。

四万温泉 木づくり湯けむり 山里の湯 **鍾寿館**

〒377-0601 群馬県吾妻郡中之条町四万3895
TEL.0279-64-2301　FAX.0279-64-2878

電車：JR吾妻線、中之条駅からバス（約40分）で「山口」下車。徒歩約1分。
車：関越自動車道、渋川伊香保ICより約60分。

■客室：20部屋　■収容人数：102人　■内風呂：男1・女1 ■露天風呂：混浴1（女性時間あり）　■貸切風呂：内風呂3・露天風呂3　■宿泊料金：1泊2食12,750円～

四万川の瀬音が響く小さな隠れ宿

◆四万《しま》温泉「いずみや」

老舗旅館が軒を連ねる温泉街で、あたかも料亭のようなたたずまいで、ひっそりと暖簾《のれん》が掛かる。わずか5部屋の小さな宿だ。

「自分が泊まりたい宿を追求したら、それは自分だけの隠れ家のような、他人に邪魔されない空間づくりでした」と3代目主人の齋藤順一さんは、平成16年に現在のスタイルへリニューアルさせた。屋号もそれまでの「泉屋旅館」から「渓声の宿　いずみや」へ。

宿の創業は昭和初期。それ以前、大正時代は初代が仕出し屋を営んでいた。いわゆる"おうかがい式"といわれる四万独特の湯治スタイルで、旅館の客から注文を取って料理を調《ととの》えて届ける店である。その料理へのこだわりは、現在も変わっていない。山菜やキノコなどの山の幸は、先代の主人自らが山へ入って摘んでくる。小さい宿だからこそできる、自慢のもてなしの一つである。

また、風呂は貸し切りが2つと、部屋付きの風呂が3つ。5部屋に対して5つの風呂があるため、まずは他人と浴室でかち合うことはない。おまけに自家源泉を所有しているため、すべての風呂が源泉かけ流し。まさに他人には教え

たくない"自分だけの隠れ家"の雰囲気をかもし出している。

さっそく、半露天風呂の「渓声の湯」を浴《あ》むことにした。湯けむりの向こうに、四万川の清流が見える。耳を澄ませば、心地よいリズムを刻む瀬音の響きが……。そして浴槽の中で体を動かすたびに、ザザーッとあふれ出る湯音がくり返される。

「小さな宿には、小さな宿にしかできないことがある」そう言った主人の粋なこだわりを随所に感じる、なんとも贅《ぜい》沢《たく》な宿である。

■源泉名：四万温泉　泉屋の湯 ■湧出量：9.7ℓ／分（自然湧出） ■泉温：55.9℃ ■泉質：ナトリウム・カルシウム－塩化物・硫酸塩温泉 ■効能：動脈硬化症、切り傷、やけど、慢性皮膚病、胃腸病ほか ■温泉の利用形態：加水なし、加温なし、完全放流式

お宝

その昔、宿泊客の大学教授からいただいた鍾乳石。数億年前の物だという。貴重な石なので、館内で展示しながら大切に保管している。

四万温泉 渓声の宿 いずみや

〒377-0601 群馬県吾妻郡中之条町四万3981-1
TEL.0279-64-2404 FAX.0279-64-2523

電車：JR吾妻線、中之条駅からバス（約40分）で「山口」下車。徒歩約1分。
車：関越自動車道、渋川伊香保ICより約60分。

■客室：5部屋 ■収容人数：20人 ■貸切風呂：内風呂1・半露天風呂1 ■宿泊料金：1泊2食 14,000円～

外湯を訪ねる気分で路地裏を行く露天風呂

◆四《し》万《ま》温泉「三《み》木《き》屋《や》旅《りょ》館《かん》」

シトシトと降り続く雨だった。

月見橋を渡ると、湯けむりが昇る共同湯「上の湯」の屋根が見えてきた。三木屋旅館は、その手前。四万川の流れを望む道の端、つづく石垣がしっとりと濡れて、湯宿の風情をかもし出していた。

創業は大正元年。湯治宿として、ここ「山口」で四万温泉の今昔を見つづけてきた老舗旅館の一つ。「私が嫁いできた昭和40年代は、まだ米やみそ、漬物を持参して、湯治客が大勢やって来られてましたよ」と、3代目女将《おかみ》の田村洋子さん。当時はここより「温泉口」寄りに小さな宿があったが、のち

に別館として建てられのが、現在の三木屋旅館である。

　四万川に沿って建てられているため、館内は長い廊下が続いている。その廊下の壁には、額に入った色鮮やかな沖縄文様染の「紅型《びんがた》」が、ずらりと並んでいる。「長い廊下を歩くのに、お客様が飽きないように」と、女将が帯や着物を気に入って出会った同一作家の作品を展示するようになったのだという。その斬新な図案と色彩は、何度訪ねても、その都度、足を止めて見惚《ほ》れてしまう不思議な魅力を放っている。

　旅装を解いて、客室から露天風呂へ向かう。これが、実に楽しい。

　宿の裏口からいったん、屋外へ出る。サンダルに履き替えて、そぼ降る雨の中、傘をさして石段を上がる。狭い路地を横切って、もう一度階段を上り切った所に湯屋がある。まるで外湯を訪ねる気分だ。

　裏山の中腹に立つ、半露天の浴室からの眺めは素晴らしい。清流、四万川のせせらぎの音を包み込むように生い茂る対岸の森が、雨に煙って、まるで水墨画のよう。いつまでもこうして眺めていたくなる、やさしい風景が視界いっぱいに広がっている。

　木のぬくもりと、雨の香りを感じながら、山のいで湯を存分に味わった。

■源泉名：四万温泉 不老の湯 ■湧出量：36ℓ／分（自然湧出） ■泉温：51.9℃ ■泉質：ナトリウム・カルシウム－塩化物・硫酸塩温泉 ■効能：神経痛、筋肉痛、関節痛、五十肩、慢性消化器病ほか ■温泉の利用形態：季節により加水あり、加温なし、完全放流式

お宝

玄関ロビーで旅人を出迎える色とりどりの可憐《かれん》な花々。実はこれ、すべて女将の手作りリボンフラワー。お客様へおみやげに差し上げることも。

四万温泉 三木屋旅館

〒377-0601 群馬県吾妻郡中之条町四万3894
TEL.0279-64-2324 FAX.0279-64-2458

電車：JR吾妻線、中之条駅からバス（約40分）で「山口」下車。徒歩約１分。 車：関越自動車道、渋川伊香保ICより約60分。

■客室：8部屋 ■収容人数：32人 ■内風呂：男1・女1 ■露天風呂：男1・女1（夜間貸切） ■宿泊料金：1泊2食 13,800円～ ■日帰り入浴：可

【こらむ❷】*Column*

戦国時代に開かれた湯治場

四万温泉の開湯は定かではないが、延暦年間（７８２～８０６年）、征夷《せいい》大将軍として蝦夷《えぞ》征伐へ向かう坂上田村麻呂が、この地で入浴したのが始まりといわれている。

時はめぐり永禄６（１５６３）年。岩櫃《いわびつ》城が真田勢に攻められた際、四万を通って落ち延びる城主を守るために、追っ手を防ぎ戦った田村甚五郎清政という侍《さむらい》が、現在の山口地区に住み着き、そのまま湯宿を開いたとされている。やがて甚五郎の孫の彦左衛門が分家して、新湯地区で湯宿を開業。以来、田村家は四万温泉の湯守《ゆもり》を務めてきた。

江戸時代から明治時代を通じて、湯宿が存在したのは山口と新湯だった。明治23（１８９０）年に山口が大火に見舞われたことから、それ以降、新湯が四万の中心となった。その後、大正時代に温泉口地区と日向見地区に、昭和になってゆずりは地区に旅館が開業した。

昭和29（１９５４）年、四万温泉は青森県の酸ケ湯温泉、栃木県の日光湯元温泉と共に、国民保養温泉地の第１号に指定されている。

新《あら》湯《ゆ》地区

新湯地区 お宿マップ

新湯地区

湯上がりに浴衣で歩く目抜き通り

みやげ物屋や飲食店、カフェテリア、タクシー会社、郵便局に信用組合、そして民宿や旅館、ホテルが立ち並ぶ中心地。バスも終点の「四万温泉駅」で折り返して行く。

終着駅は萩橋のたもとにある。ちょうど、ここで四万川と支流の新湯川が出合う。橋の上から河川敷をのぞき込めば、その合流地点に、なんとも不思議な建造物がある。ツタに覆われた要塞《ようさい》のようにも見える。誰もが一度は、立ち止まってしまう四万温泉を象徴する風景だ。外湯（共同湯）の「河原の湯」。年中

無休だが、一般客の利用は午後の3時まで。それ以降は、地元住民たちが一日の疲れを癒やしにやって来る。

カラン、コロン、カラン……

夕暮れの橋の上を下駄を鳴らしながら、浴衣姿の泊まり客らが往来する。さて、まっすぐ桐の木平商店街を歩こうか、それとも落合通りまで足を延ばそうか。それとも、このまま川の流れを眺めていようか。

今でもじんたの響きが聴こえてきそう

四万《しま》温泉「あやめや旅館《りょかん》」

地元の人に「あやめや旅館」のことを聞くと、必ず「ああ、芝居小屋のあったところね」と言葉が返ってくる。平成元年まで「朝日座」という演芸場があり、田舎芝居が上演されていた。

「浅香光代や梅沢富美男なんかも来てたいね。芝居小屋のまわりには、のぼり旗が立って、チンドン屋が温泉街を練り歩いて、そりゃあ、にぎやかだったよ」そう言って、2代目女《お》

将《かみ》の中沢やす子さんはアルバムを広げてみせた。当時の温泉街を写したモノクロ写真の中に、看板役者と思われるドーランを塗ったちょんまげ姿の男の写真があった。古き良き温泉地の華やかな様子がうかがえる。

宿の創業は昭和35年。芝居小屋の隣、現在の旧館で先代が始めた。それ以前は、だんご屋を営んでいたという。5月のアヤメの咲く頃に作った「あやめ団子」が人気でよく売れたため、屋号を「あやめや」にしたとのことだ。

平成元年、芝居小屋の廃業とともに地続きの土地を購入し、現在の本館を建てた。それまでは美容師だったやす子さんも、これを機に宿に入り、旅館業に専念した。

女将の気さくな人柄のせいだろうか。宿に着いて、お茶をすすりながら思い出話を聞いているうちに、だんだんと旅装が解かれていくのが分かった。「お客さんからは、田舎のばあちゃんちに来たみたいだって言われるのよ。家族だけでやっている宿だからさ、人なつっこいんかね」と笑った声が温かくて、心がフワァっと癒やされていく。

夕食の時間までには、まだ時間がある。ひと風呂浴びることにした。もうもうと湯けむりを上げる湯舟の中で、先ほど見た田舎芝居の役者たちの姿が去来する。遠く山並みの向こうから、じんたの響きが聴こえてきそうである。

■源泉名：四万温泉　岩文の湯・橋下の湯・明治湯の混合泉 ■湧出量：測定せず（自然湧出） ■泉温：46.2℃ ■泉質：単純温泉、ナトリウム・カルシウム－塩化物・硫酸塩温泉 ■効能：神経痛、関節痛、筋肉痛、五十肩、疲労回復ほか ■温泉の利用形態：加水なし、季節により加温あり、循環ろ過

お宝

旅館を創業する前、きこりをしていた先代、先々代が使用していた巨大ノコギリ。その歴史を伝えるために、数本がロビーに展示されている。

四万温泉 あやめや旅館

〒377-0601 群馬県吾妻郡中之条町四万4238-45
TEL.0279-64-2438　FAX.0279-64-2637

電車：JR吾妻線、中之条駅からバス（約40分）で「四万郵便局前」下車。徒歩約1分。車：関越自動車道、渋川伊香保ＩＣより約60分。

■客室：11部屋 ■収容人数：50人 ■内風呂：男1・女1 ■貸切露天風呂：1 ■足湯：1 ■宿泊料金：1泊2食 8,000円～　■日帰り入浴：可

満勝ガエルが出迎える夢と笑いの幸福館

◆四万《しま》温泉「旅館《りょかん》　若山《わかやま》」

「そば処　若山」の看板が出ているものの、そば屋らしき店は見当たらない。いたってシンプルな和風旅館が建っているだけだ。

玄関に入って驚いた！　壁には般若とお多福の面、日本画、刻書、彫物、書画、それから大きな熊の彫刻はサケならぬトウモロコシをくわえている。ここは、資料館か美術館か骨《こつ》董《とう》品屋か？　と思えばやはり、そば屋のようである。「立ち食いよし　座って食べてよし　勝手にどうぞ　甘汁　辛汁お好きなように　わたしゃ二八で打ってます」と書いてある。何とも不思議な宿である。不思議なのは宿だけではない。

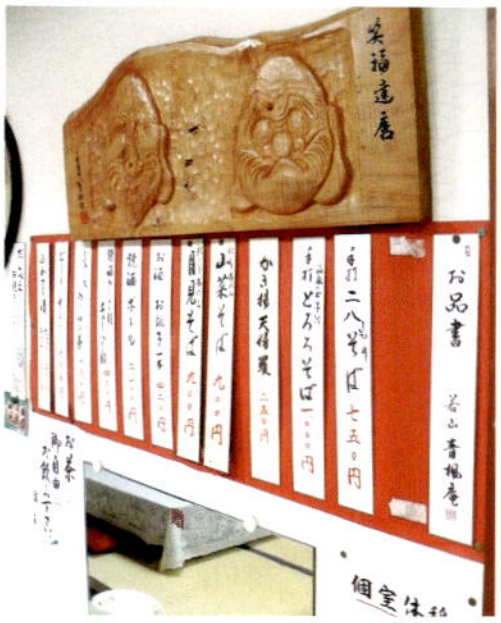

「こいつは満勝《まんかち》ガエルっていうんだ。頭をなでれば、家内安全、商売繁盛、宝クジだって当たっちゃう」と、主人の若山光郷さんの口上が始まった。この木彫りの満勝ガエルをはじめ、館内すべての作品の作者である。

若山さんは子どもの頃から手先が器用で、中学を卒業すると和菓子職人の道へ進んだ。

10年の修業を経て、昭和37年に四万へもどり和菓子屋を開業。同51年には民宿を始める。

とにかく多芸多才な人で、剣道7段、刻書・てん刻の講師、書は県知事より「ぐんまの達人」の認定書を授かるなど、どれが本業なのか分からない。そして、そば打ち名人でもある。

「生活は即、遊び。仕事と思うから苦しい、遊びと思えば不平不満はない」そう言って、豪快に笑い飛ばす。

満勝ガエルは四万に棲む大きなカエルのこと。昔、戦争へ出兵する際に、この〝満勝〟にあやかりカエルの木彫人形を持たせたという。おかげで四万出身の戦死者は少なかったらしい。

満勝ガエルの頭は、テカテカに光っている。どれだけ多くの泊まり客が、この頭をなでて行ったことだろうか。

■源泉名：岩文の湯・橋下の湯・明治の湯の混合泉 ■湧出量：測定せず（自然湧出） ■泉温：46.2℃ ■泉質：ナトリウム・カルシウム－塩化物・硫酸塩温泉 ■効能：神経痛、筋肉痛、関節痛、冷え性、動脈硬化、疲労回復ほか ■温泉の利用形態：加水なし、季節により加温あり、循環ろ過

お宝

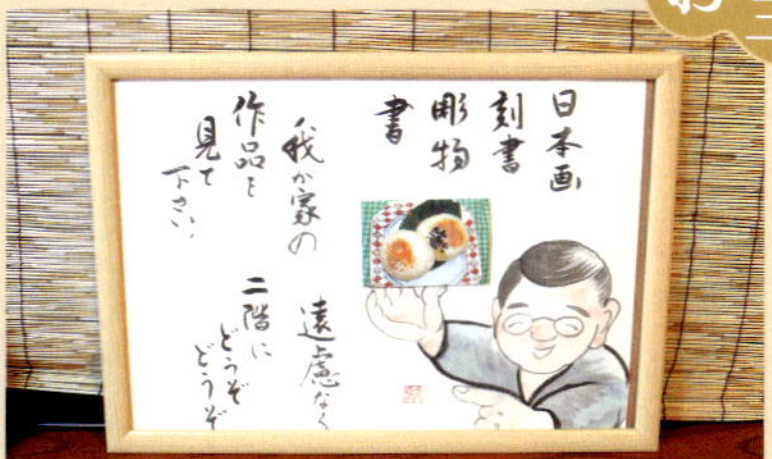

「日本画・刻書・彫物・書　我が家の作品を見て下さい」と玄関にかかげた看板。全館が美術館。もちろん作者は、すべて主人。

四万温泉 旅館　若山

〒377-0601 群馬県吾妻郡中之条町四万4238-44
TEL.0279-64-2621 FAX.0279-64-2035

電車：JR吾妻線、中之条駅からバス（約40分）で「四万郵便局前」下車。徒歩約１分。
車：関越自動車道、渋川伊香保ICより約60分。

■客室：6部屋 ■収容人数：16人 ■内風呂：男1・女1 ■宿泊料金：7,000円～ ■日帰り入浴：可

温泉街を見下ろす高台に建つ現代の旅籠

◆四万《しま》温泉「なかざわ旅館《りょかん》」

みやげ物屋が連なる温泉街から離れ、鋭角に坂道を上りつめると、六角窓を持つ一風変わった建物が目に入る。これが名物の展望風呂「弁天の湯」である。

「旅館を建てる時に、高名な僧侶に見てもらったら『弁天様が出ていらっしゃるから心配はいらない』と言われたんです。だから浴室には、今でも弁天様を祀《まつ》っています」と女《お》将《かみ》の中沢千世子さんは、開業までの経緯を話してくれた。

創業は昭和48年。それまでは、ご主人の孫市さんは勤め人、女将は看護師をしていたが、地元の有志からの力添えもあり、一念発起して民宿を始めた。

高度成長期、バブル期と四万温泉にも、たくさんの湯治客が訪れた。しかし時代が平成に変わると、客のニーズも次第に変わりだした。

「昔は大きな旅館に安心感を求めましたが、今は小さくてプライベートが保て、かつ、ぬくもりを求める人が多くなりました。温故知新、"平成の旅《はた》籠《ご》"には昔と現代のいい所を併せ持った宿でありたいという願いを込めました」と若女将のまち子さんは言う。平成7年のリニューアルを期に、小さな宿へ転身した。

わずか7部屋に対して、浴室は4つ。うち2部屋には風呂が付いている。計6つの湯舟があるので、まず他人と浴室でかち合うことはない。「プライベートな時間を快適に、ゆっくりとくつろいでほしい」とのもてなしである。かけ流しというのも魅力だ。湯は加水も加温もせずに、温度の異なる源泉の混合により、適温を調節している。さらに湯を湯縁と湯床の2カ所から注ぎ込むことにより、浴槽内の湯を攪拌《かくはん》し、温度が一定になるよう工夫がされている。確かな湯守《ゆもり》のいる証拠だ。平成の旅籠の名に、ふさわしい宿である。

■源泉名：四万温泉　岩文の湯・橋下の湯・明治湯の混合泉 ■湧出量：測定せず（自然湧出） ■泉温：46.2℃ ■泉質：単純温泉、ナトリウム・カルシウム－塩化物・硫酸塩温泉 ■効能：神経痛、筋肉痛、冷え性、慢性消化器、疲労回復ほか ■温泉の利用形態：加水なし、加温なし、完全放流式

お宝

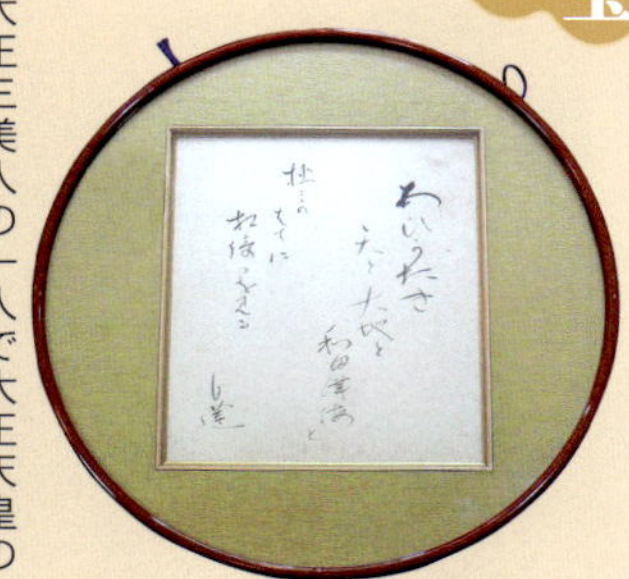

大正三美人の一人で大正天皇のいとこにあたる歌人、柳原白蓮の色紙。昭和30年頃、「いなつつみ公園」に歌碑を建てた際、車の運転をした主人に歌を書いてくれた。

四万温泉 平成の旅籠 **なかざわ旅館**

〒377-0601 群馬県吾妻郡中之条町四万4238-41
TEL.0279-64-2716　FAX.0279-64-2110

電車：JR吾妻線、中之条駅からバス（約40分）で「四万郵便局前」下車。徒歩約３分。車：関越自動車道、渋川伊香保ICより約60分。

■客室：7部屋 ■収容人数：43人 ■内風呂：男1・女1（男女入替） ■貸切露天風呂：2 ■宿泊料金：1泊2食 12,700円～

新鮮野菜と自家米と手作り料理の安心宿

◆四万《しま》温泉「はっしろ旅館《りょかん》」

新湯地区の中でも郵便局や信用組合、商店が集まる通りを地元の人は「桐の木平」と呼ぶ。昔から四万温泉のメーンストリートとしてにぎわった温泉街の顔である。

「当時は食堂だって何軒もあってね、湯治客が、ぞろぞろ歩いてました。今は1泊のお客さんばかりだから、めっきり浴衣姿の人が少なくなりました」そう2代目女将《おかみ》の竹内清美さんは述懐する。当時とは、女将が中之条から嫁いで来た昭和58年頃のことだ。

「四万は日が当たらない所だと聞いていましたが、来てみてビックリ、本当だったんです(笑)。それほどに山深い、そのままの自然が残っている所なんですよ」

創業は昭和30年代。先代が、そば屋を営みながら宿屋も商っていた。今のように宿に内風呂はなく、宿泊客は共同湯へ入りに行き、食事はご飯とみそ汁以外は自炊をするのが四万流の湯治スタイルだった。時代は変わり、四万も変わっ

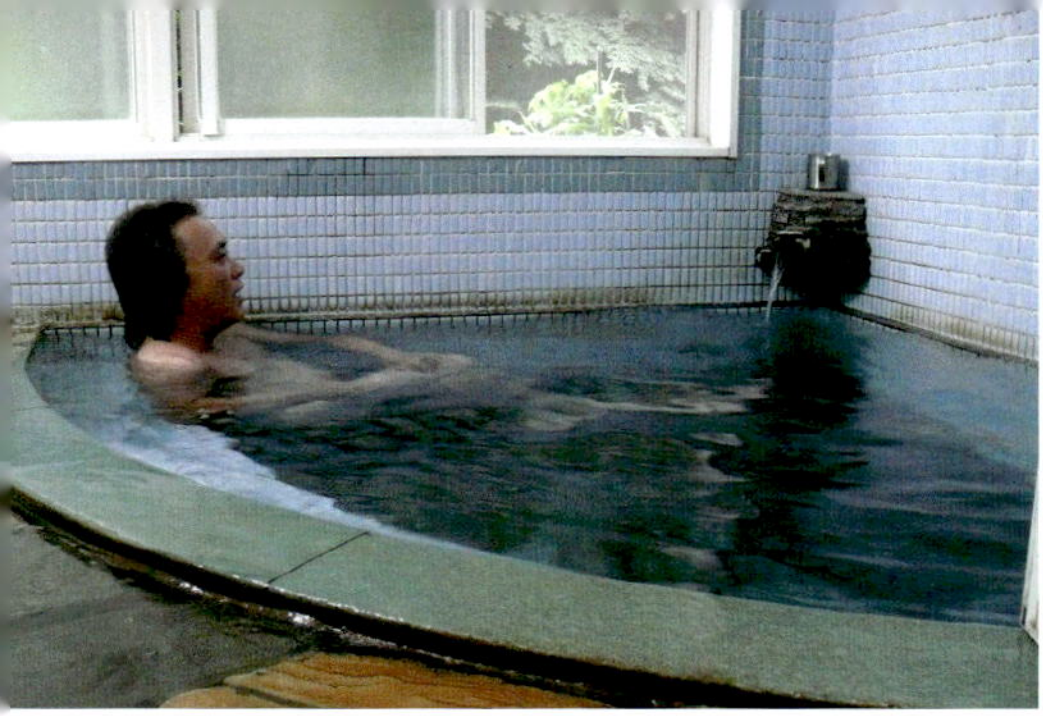

たと言う人がいるが、「はつしろ旅館」には、まだまだ良き温泉宿の風情とぬくもりが残っているような気がする。それは、たぶん飾らない、素のもてなしを感じるからだろう。

「私の実家が農家だから、新鮮で安心な野菜が届くの。お米も自家米、コンニャクも芋から手作りなんですよ」

春は山菜、秋はキノコ。主人が釣ってきたイワナやヤマメが食卓へ上がることもある。旬の食材が、素朴な味付けで食せる喜び。

「ご飯、おかわり」「また来るよ」そんな客の何気ない言葉に支えられて、今日まで旅館を続けて来れたのだと言う。「川の音が心地良くて」そんな理由だけで、年に何回も訪れる夫婦がいる。これこそが、四万本来の魅力ではないだろうか。

■源泉名：四万温泉　岩文の湯・橋下の湯・明治湯の混合泉 ■湧出量：測定せず（自然湧出） ■泉温：46.2℃ ■泉質：ナトリウム・カルシウム－塩化物・硫酸塩温泉 ■効能：神経痛、筋肉痛、関節痛、五十肩、冷え性、慢性消化器病ほか ■温泉の利用形態：加水なし、季節により加温あり、放流・循環ろ過併用

お宝

玄関脇の仏間で、デーンと腰をすえながら客人を出迎える恵比寿様と大黒様。創業以来、旅館の繁栄と旅人の健康を見守りつづけている。

四万温泉 はつしろ旅館

〒377-0601 群馬県吾妻郡中之条町四万4237-53
TEL.0279-64-2510　FAX.0279-64-2352

電車：JR吾妻線、中之条駅からバス（約40分）で「四万郵便局前」下車。徒歩約1分。
車：関越自動車道、渋川伊香保ICより約60分。

■客室：6部屋 ■収容人数：22人 ■内風呂：男1・女1 ■宿泊料金：1泊2食　7,000円～ ■日帰り入浴：可

手つかずの自然と豊かな湯に惚れ込んで

◆四《し》万《ま》温泉「一《いち》花《げ》館《かん》」

『何が一番いいか　花が一番
いいか　花のどこがいいか
信じて咲くのがいい』

玄関前に大きく掲げられた看板に、女将《おかみ》・朝生早子さんの言葉が書かれている。花を愛し、四万の自然を愛する思いが、宿に込められている。

「一花」と書いて、「いちげ」と読む。イチゲは春から夏にかけて高山に咲く、キンポウゲ科イチリンソウ属の花。白やピンク、淡紫色など、茎の先に菊に似た可憐《かれん》な花をつける。女将の一番好きな花だ。

創業は平成元年。古い旅館を買い取り、居抜きで始めた。

「手つかずの自然、豊富な湯量。これが本当の温泉だ！と思い

ました」と、主人の朝生和則さんは、四万温泉へ初めて訪れた日の驚きを話す。それまで長年、大温泉地の大旅館で働いていた和則さんにとって、女将の実家がある四万温泉が別天地に映ったという。

「最初は歓楽街もない寂しい温泉地だと思ったけど、次第に青い水の流れと湯の良さに惚《ほ》れ込んでしまいました。趣味の山菜採りや渓流釣りで酷使した足腰の痛みが、ここの湯につかれば一発で治ってしまうんですから」

四万に惚れ込んだ主人が商う宿には、やはり四万に魅せられたファンが集まってくる。宿泊客の半分以上をリピーターが占める。毎月、隔月でやってくる湯治客もいる。

客室はわずか7部屋。シンプルな造りだ。館内には旅館特有のゴタゴタした案内板も見当たらない。日帰り入浴を受け付けないのも、宿泊客にのんびりして欲《ほ》しいから。純粋に湯を浴《あ》み、自然を愛《め》でたい人には、この上ない至福を手に入れられる宿である。

■源泉名：四万温泉　岩文の湯・橋下の湯・明治湯の混合泉 ■湧出量：測定せず（自然湧出） ■泉温：46.2℃ ■泉質：ナトリウム・カルシウム－塩化物・硫酸塩温泉 ■効能：神経痛、筋肉痛、関節痛、五十肩、運動まひ、慢性消化器病ほか ■温泉の利用形態：加水なし、加温なし、循環ろ過

お宝

館内のいたるところで目にするクロスステッチ（Xの形に糸を交差させる刺しゅう）のテーブルクロスやタペストリーは、すべて女将の作品。

四万温泉 一花館

〒377-0601 群馬県吾妻郡中之条町四万4237-50
TEL.0279-64-2224　FAX.0279-64-2225

電車：JR吾妻線、中之条駅からバス（約40分）で「四万郵便局前」下車。徒歩約１分。
車：関越自動車道、渋川伊香保ICより約60分。

■客室：7部屋 ■収容人数：35人 ■内風呂：男1・女1 ■半露天風呂：男1・女1 ■貸切風呂：1 ■宿泊料金：1泊2食 12,000円～

四万の人と歴史を撮りつづけた写真館

四万《しま》温泉「やまの旅《りょ》館《かん》」

温泉街の目抜き通り、桐の木平商店街を歩くたびに、いつも気になっていた。2つの看板が掛かる宿がある。「カメラ、フィルム　山野」と「内湯　やまの旅館」。玄関口は旅館に見えるが、覗《のぞ》き込めばショーケースがあり、写真のフィルムとインスタントカメラが売られている。

「私が嫁いで来たときは、まだ写真屋さん。旅館は昭和50年から始めたのよ。あの頃は忙しかったわね。うちのお客さんの食事の用意をしてから、他の旅館へ撮影に出かけて行ったんだから」と女将《おかみ》の山野貞子さんは、開業当時を述懐する。

山野写真館は、ご主人の芳雄さんの父が昭和初期に創業。

戦後になり芳雄さんが継ぎ、昭和27年に結婚してからは女

将も写真館を手伝っていた。もちろん四万温泉で、たった一軒の写真館だ。各旅館から記念撮影の依頼で、引っ張りだこだったらしい。

「クラス会ばやりの時代があってね、必ず夕食の前に集合写真を撮ったのよ。でも当時はまだフラッシュがマグネシウムを燃やしていたので、発光のとき粉が飛び散るのね。料理にかからないようにって、お膳に紙をかけて気をつかいながら撮影したものよ」

女将がそう話す、蛇腹式の写真機やご主人が代々使ってきた年代物のカメラが帳場前に展示されている。さながらカメラ資料館である。木製の三脚やマグネシウムのフラッシュも健在だ。マニアには、垂《すい》涎《ぜん》の品々である。

温泉街の歴史が写された貴重な写真の数々。セピア色の中に、古き良き四万温泉の姿が浮かび上がる。昭和から平成へ、時代も変わり、訪れる客も変わった。でも昔も今も変わらないものがあると言う。

「四万に嫁いで、かれこれ60年。川原で湯けむりが上がる風景は、あの頃のまま。もっとも四万らしい風景です」

■源泉名：四万温泉　岩文の滝湯（5源泉の混合泉）■湧出量：90ℓ／分（自然湧出）■泉温：41.4℃ ■泉質：ナトリウム・カルシウム－塩化物・硫酸塩温泉　■効能：神経痛、筋肉痛、関節痛、五十肩、運動まひ、慢性消化器病ほか　■温泉の利用形態：季節により加水あり、季節により加温あり、循環ろ過

お宝

写真館創業時に使用していた大正時代の蛇腹式写真機。マグネシウムのフラッシュや年代物のカメラが所狭しと並ぶ。

四万温泉 やまの旅館

〒377-0601 群馬県吾妻郡中之条町四万4237-47
TEL.0279-64-2604　FAX.0279-64-2963

電車：JR吾妻線、中之条駅からバス（約40分）で「四万郵便局前」下車。すぐ前。
車：関越自動車道、渋川伊香保ICより約60分。

■客室：4部屋 ■収容人数：17人 ■内風呂：男1・女1 ■宿泊料金：1泊2食　6,800円～ ■日帰り入浴：可

四万で唯一、囲碁と将棋愛好家が集う宿

◆四《し》万《ま》温泉「唐《から》沢《さわ》屋《や》旅《りょ》館《かん》」

香ばしい匂いに誘われて歩くと、焼きまんじゅう屋の隣に木造2階の懐かしい建物が姿を現す。昭和の雰囲気が色濃く残る宿である。

創業は昭和10年、下宿屋として戦時中は疎開児童を受け入れていたというが、戦後まもなくして旅館としての営業を始めた。階段の手すりや踊り場、廊下のそこかしこに、歴史の年輪が刻まれている。2階の部屋から見下ろす温泉街も、なぜかレトロな風情を感じるのである。

一見、どこにでもある普通の温泉旅館であるが、同館は極めて特徴がある。玄関を入って、すぐ左の大広間が囲碁

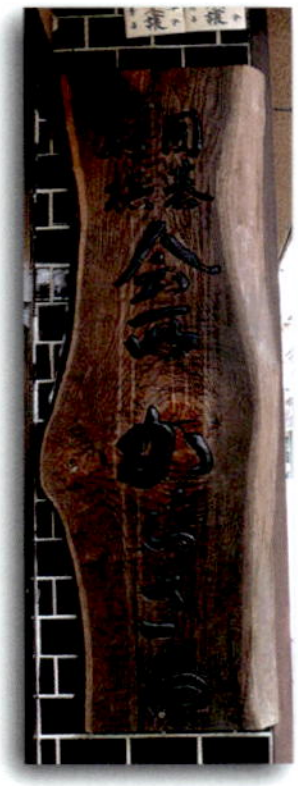

と将棋の対局場となっているのだ。ズラリと並ぶ、碁盤と将棋盤。一般の旅館で見かける、娯楽用の盤台とは異なる本格的なもの。

「碁盤の置いてある旅館はよくあるが、どこも道具が粗末で、囲碁好きには物足りないものばかりでした。だったら、うちを本格的に囲碁が打てる宿にしようと始めました」と語る2代目主人の唐沢吉明さん。日本棋院の会員で、アマチュア4段の腕前を持っている。

趣味が高じて、平成元年に対局場を備える宿にリニューアルした。

「四万へ来られるお客さんも、それまでの長期滞在型から1泊型へと形態が変わってきた頃でした。うちは大きな旅館のような設備もないので、思い切って趣味の宿へ転身しました」

正式に囲碁と将棋の本格的な設備を備えた旅館は、県内でも珍しい。複数の対局が同時にできることもあり、職場や地域のサークル、クラブが10～20人というグループで利用することが多いという。もちろん1人での宿泊もOK。ご主人や会員が相手をしてくれる。

おまけに天然温泉付きだ。ファンには、たまらない宿である。

■源泉名：岩文の滝湯（5源泉の混合泉）■湧出量：90ℓ／分（自然湧出）■泉温：41.4℃ ■泉質：ナトリウム・カルシウム－塩化物／硫酸塩温泉 ■効能：神経痛、筋肉痛、関節痛、慢性消化器病、動脈硬化症ほか ■温泉の利用形態：水なし、季節により加温あり、放流一部循環併用

お宝

俳優、小沢昭一さんの色紙。戦時中、同館に両親と疎開していた小沢さんが昭和52年5月、母親を連れ立って訪ねて来たときに書いたもの。

四万温泉 唐沢屋旅館

〒377-0601 群馬県吾妻郡中之条町四万4237-22
TEL.0279-64-2514 FAX.0279-64-2295

電車：JR吾妻線、中之条町からバス（約40分）で「四万郵便局前」下車。徒歩約1分。
車：関越自動車道、渋川伊香保ICより約60分。

■客室：7部屋 ■収容人数：22人 ■内風呂：男1・女1 ■宿泊料金：1泊2食 7,000円～ ■日帰り入浴：可

スルスルーっと湯舟に釣瓶でビールが降りてくる

◆四万《しま》温泉「民宿《みんしゅく》 中村屋《なかむらや》」

湯上がりのビールもうまいが、湯の中で飲むビールはもっとうまい！

ここは全国でも珍しい、酒屋と民宿がひとつになった地酒の宿である。だから酒類の注文は、すべて店頭価格。それだけで、のん兵衛にはたまらない。そして極めつけは、温泉に浸かりながら酒が飲めるという露天風呂だ。

インターフォンに向かって、好きな飲み物を告げる。あとは湯舟に身を沈めて待っていればいい。やがて頭上から、スルスルーっと釣瓶《つるべ》井戸のようにロープの先に付いたカゴが降りてくる。客は、これを上手にキャッチして湯の中で飲み

干せば、この世のものとは思えぬ至福の時を手に入れる。

このアイデア、そして露天風呂そのものを自分で造ってしまったのが４代目主人の中村正さんである。たびたびテレビにも登場する四万温泉の有名人だ。

中村屋の創業は明治時代の初期。新潟から杜氏《とうじ》として中之条町の酒蔵へやって来た初代が、その後、四万温泉へ移り住んで酒屋を開いた。昭和40年代になって、現主人の祖父が空いている部屋を利用して湯治客を泊めたのが民宿の始まりだった。平成５年、ホテル営業マンの修業を終えた正さんが東京から帰って来て、現在の「地酒の宿　中村屋」を創り上げた。

「街は変わるし、人も変わる。でも四万川の美しさと温泉の素晴らしさは、いつまでも変わらない。この〝風流〟こそが四万の魅力なんです」

そう言って正さんは、２代目が作詞したという『四万の詩』のコピーを私にくれた。〈自然の恵み出湯湧く　我等が郷土四万の里　清き流れのせせらぎに　作る姿の様見よや〉確かにそこには、今も昔と変わらぬ四万の風流が記し残されていた。

■源泉名：四万温泉　岩文の滝湯（5源泉の混合泉）■湧出量：90ℓ／分（自然湧出）■泉温：41.4℃ ■泉質：ナトリウム・カルシウム－塩化物・硫酸塩温泉 ■効能：神経痛、筋肉痛、関節痛、慢性消化器病、動脈硬化症ほか ■温泉の利用形態：季節により加水あり、季節により加温あり、完全放流式（露天風呂）・循環ろ過式（内風呂）

お宝

今は亡き2代目主人の中村実さんが、四万に来た14歳頃に詠んだ『四万の詩』。90年前の四万温泉の様子が流麗に歌い上げられている。

四万の詩

自然の恵み　出湯湧く　我等が郷土　四万の里
清き流れの　せせらぎに　作る姿の　様見よや
鹿鳴く里の　秋鹿や　万雷おつる　渋砥泉
岩に裂かるる　滝川の　砕けて束散る　嘉満ヶ淵
湯煙白く　立ち登り　浴廊　包む　山口や
皆楽園の　朝　緑　高野の森の　ホトトギス
秋の紅葉は　小倉山　紅葉に映ゆる　布の滝
日向見川に　名も高き　大泉小泉の　両瀑布
日向見薬師を　訪ぬれば　苔むす御堂や　老杉に
在りし昔の　偲ばれて　思いこもごも　湧きて出づ
響きは遠く　谷を越え　夏　尚　寒き　摩耶の滝
新湯の里に　夕日して　月に輝く　水晶山

四万温泉 民宿 地酒の宿中村屋

〒377-0601 群馬県吾妻郡中之条町四万4237-33
TEL.0279-64-2601 FAX.0279-64-2627

電車：JR吾妻線、中之条駅からバス（約40分）で「四万郵便局前」下車。徒歩約2分。
車：関越自動車道、渋川伊香保ICより約60分。

■客室：7部屋 ■収容人数：14人 ■貸切風呂：内風呂2・露天風呂2 ■宿泊料金：1泊2食 8,390円～ ワンちゃんと一緒プラン（1日1組限定）13,900円～＋小型犬 1,050円～ ■日帰り入浴：可

元禄の世へと時空を旅する浪漫のトンネル

四万《しま》温泉「積《せき》善《ぜん》館《かん》 本《ほん》館《かん》」

国の登録文化財および県の近代遺産にも指定されている「山荘」からエレベーターに乗って、さらに階下へ。扉が開くとオレンジ色の淡い光の中に、一本の細長いトンネルが現れた。

「ここが不思議の街へ続くトンネルのイメージモデルとされた『浪漫《ろまん》のトンネル』です」

そう言って19代目主人の黒澤大二郎さんは、ツアーの参加者たちに説明を始めた。同館では宿泊客を対象に「歴史ツアー」と「アニメツアー」を行っている。主人自らが案内役として、館内をめぐりながら歴史やアニメのエピソードを交えながら紹介してくれる。

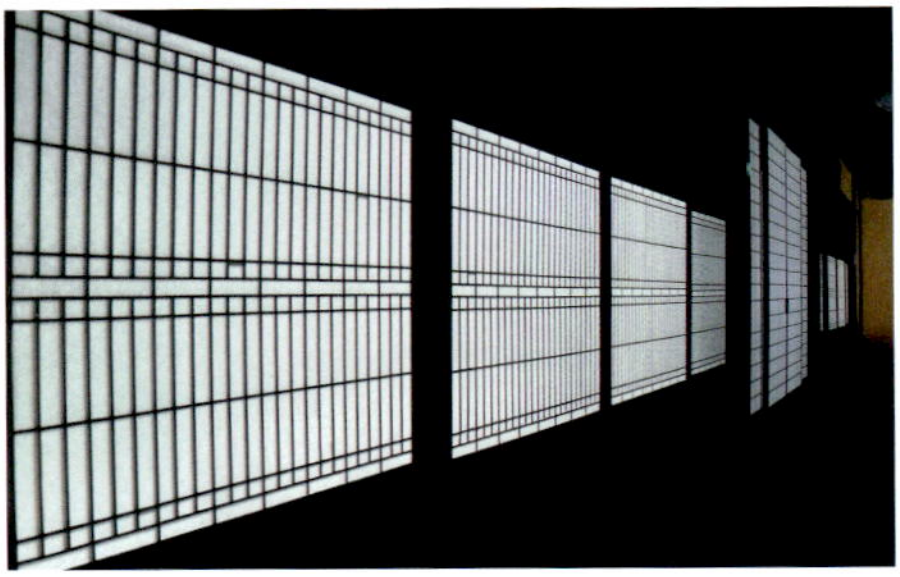

■源泉名：四万温泉　明治の湯　■湧出量：測定不能（自然湧出）■泉温：62.9℃ ■泉質：ナトリウム・カルシウム－塩化物・硫酸塩温泉 ■効能：神経痛、筋肉痛、関節痛、運動まひ、胃腸病、慢性皮膚病ほか ■温泉の利用形態：加水なし、加温なし、完全放流式

アニメツアーでは、宮崎駿監督の大ヒット映画『千と千尋の神隠し』のモデルとなった同館ならではのイメージポイントをめぐる。アニメファンならずとも映画を観た人であれば「あっ、本当だ！」と思わず声を上げてしまう、そっくりな場面にいくつも遭遇する。

四万温泉の景観を代表的する赤い橋、唐破風屋根の本館玄関、1階部分に「元禄《げんろく》の湯」をもつ「前新《まえしん》」と呼ばれる建物の外観や3階の間取りなど、次々と登場する映画と極似する風景に、いつしか時間を忘れて引き込まれてしまった。

「歴史ツアー」では、元禄4（1691）年に建てられた日本最古の湯宿建築「本館」を中心にめぐる。当初は2階建てで江戸時代の典型的な湯治宿だったというが、明治30（1897）年頃に書院風の座敷をもつ現在の3階部分が増築された。玄関脇の「元禄の間」には、歴代の主人と女将《おかみ》たちが使用した調度品や古地図、木版画などが展示されていて、320年の歴史の重みを感じ取ることができる。

ツアー終了後は、もちろん大浴場「元禄の湯」で存分に湯浴《あ》みを楽しんだ。昭和5（1930）年に建てられた大正ロマネスク様式を取り入れたモダンな湯殿は、国の登録文化財となっている。

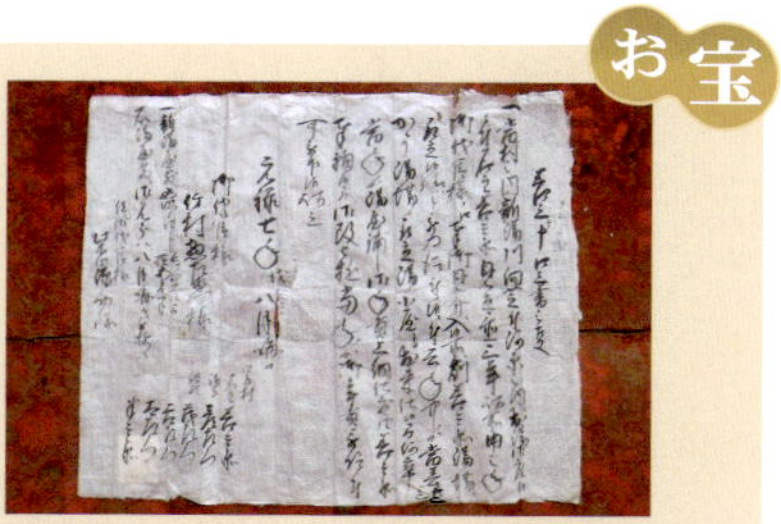

元禄7（1694）年の古文書。4、5代目の当主が、近くに湧出した温泉を代官に届けたことや宿を新築し湯屋敷年貢を納めたいとの記録が残されている。

四万温泉 積善館 本館

〒377-0601 群馬県吾妻郡中之条町四万4236
TEL.0279-64-2101　FAX.0279-64-2369

電車：JR吾妻線、中之条駅からバス（約40分）で「四万温泉駅」下車。徒歩約２分。
車：関越自動車道、渋川伊香保ICより約60分。

■客室：16部屋 ■収容人数：56人 ■内風呂：男2・女2 ■露天風呂：男1・女1 ■貸切風呂：2 ■混浴：1 ■宿泊料金：1泊2食 5,350円～ ■日帰り入浴：可

50年の時を経て湧きいずる生命のふるさと

◆四《し》万《ま》温泉「積《せき》善《ぜん》館《かん》 佳《か》松《しょう》亭《てい》・山《さん》荘《そう》」

元禄4（1691）年に4代目もしくは5代目の当主、関善兵衛が隠居をし、現在地に湯場を作り、旅籠《はたご》宿を始めたのが積善館の歴史のはじまりだと伝わる。関家は代々、四万村の名主を務め、関善兵衛を襲名していたため、土地の人々から「せきぜん」と呼ばれ親しまれてきた。創業320年、老舗宿の多い四万温泉の中でも「歴史の積善」と言われるゆえんである。

四万川の支流、新湯川の渓谷沿いの傾斜地に3つの宿泊棟が建つ。下から創業当時の面影を残す日本最古の湯宿建築「本館」。昭和11年、当時の和風建築の粋を集めて建てられ

■源泉名：四万温泉　明治の湯　■湧出量：測定不能（自然湧出）■泉温：82.9℃ ■泉質：ナトリウム・カルシウム－塩化物・硫酸塩温泉 ■効能：神経痛、筋肉痛、関節痛、運動まひ、胃腸病、慢性皮膚病ほか ■温泉の利用形態：一部加水、加温なし、完全放流式

た桃山様式の「山荘」。そして最上棟が現在の積善館の正面玄関、昭和61年に建てられた純和風の「佳松亭」である。

　四万温泉を訪れるようになって、すでに20年以上の歳月が過ぎたが、私の四万デビューは、ここ積善館から始まった。何十遍と訪ねても飽きることがないのは、その歴史の重みと文化の深さ、そして何百年もの間、人々を癒やし続けてきた大地からの恵みである湯の力に、私自身が畏敬の念を抱いているからだろう。

「40億年前、海底から温泉が吹き出し、その熱により海のなかで生命が誕生したのだといいます。やがて長い時を経て、小さな命は人間へと進化しました。だから生命の細胞の中には、温泉の成分が含まれているということです。いわば、温泉は命のふるさとなんです」そう熱く語ってくれたのは、19代目主人の黒澤大二郎さん。どうしてこんなにも人は温泉が好きなのか？　どうして癒やされるのか？　その答えを導いてくれた思いがした。

　積善館の源泉は約50年前に降った雨がマグマに温められ、新湯川の底より湧出している。泉温は約83度。その湯を加水することなく、冷ました源泉と熱い源泉の調合により浴槽内の適温を保っている。その浴感は、まさに母親の胎内にいるような懐かしいやさしさに包まれる。

お宝

明治10年頃の積善館。下駄履きの旅人、母親を背負い山道を歩いて来た親子など、湯治場としてにぎわった往時がしのばれる。

四万温泉 積善館 佳松亭・山荘

〒377-0601 群馬県吾妻郡中之条町四万4236
TEL.0279-64-2101　FAX.0279-64-2369

電車：JR吾妻線、中之条駅からバス（約40分）で「四万温泉駅」下車。徒歩約２分。
車：関越自動車道、渋川伊香保ICより約60分。

■客室：26部屋 ■収容人数：174人 ■内風呂：男2・女2 ■露天風呂：男1・女1 ■貸切風呂：2 ■混浴：1 ■宿泊料金：1泊2食 佳松亭18,000円～ 山荘14,850円～

温泉街の中心にそびえるリゾートホテル

◆四万《しま》温泉「四万《しま》グランドホテル」

温泉街の中心地、路線バスの終着駅前に架かる萩橋の下で、四万川と新湯川が出合う。ちょうど2つの川にはさまれるようにホテルは建っている。

かれこれ10年前になるだろうか。当時、私は取材やイベントで、よく四万温泉を訪れていた。温泉街の全景を見たくて、同ホテルの屋上へ上がったことがある。どこまでも深い緑豊かな森、鮮やかなコバルトブルーに輝く川の流れ、そこかしこで煙を上げる湯の町情緒が、今でも記憶の中にはっきりと焼きついている。

「ここは標高660メートル、きれいな水と木々が生い茂る自然があり、人間が暮らすには理想の土地だといわれています。新緑と紅葉の色鮮やかさは、息をのむほどです」と支配人の渡邉英児さん。四万に来て、初めて真の自然の美し

さを知ったという。

　宿の創業は170年以上も前にさかのぼる。姉妹館である「四万たむら」(旧、田村旅館)の別館として営業を開始した。昭和34年に田村旅館へ嫁いだ14代目女将《おかみ》の田村政子さんは、「子どものころから毎年、夏休みになると四万へ避暑に来ていました。別館を別荘代わりに使っていたの。建物が変わっても、ここはとても思い出深いところ」と、別館の思い出を語る。昭和44年の新築を機に「四万グランドホテル」と改名した。

　1階のカフェラウンジからは、眼下に3つの川の流れが見渡せる。女将が言った「避暑に来ていた」という言葉は、まさにここの立地条件に当てはまる。ファミリー層が多いと聞いたが、川遊びを楽しむ親子の姿が目に浮かぶようだ。そして自家源泉から湧く四万屈指の湯量を誇る豊富な温泉。なんともリゾート気分に浸れる宿である。

■源泉名：四万温泉　岩根の湯・寿の湯・塩の湯 ■湧出量：465ℓ／分（自然湧出） ■泉温：81.6℃　58.0℃　75.6℃ ■泉質：ナトリウム・カルシウム－塩化物・硫酸塩温泉 ■効能：胃腸病、リウマチ性疾患、運動器障害、創傷、アトピー性皮膚炎ほか ■温泉の利用形態：源泉が高温のため加水あり、加温なし、完全放流式

お宝

14代現主人が慶応義塾高校在学中に薫陶を受けた日本画家、毛利武彦氏の作品「花と神馬」。四万温泉の桜と清流が白馬とともに描かれている。

四万温泉 四万グランドホテル

〒377-0601 群馬県吾妻郡中之条町四万4228
TEL.0279-64-2211 FAX.0279-64-2270

電車：JR吾妻線、中之条駅からバス（約40分）で「四万温泉駅」下車。すぐ前。
車：関越自動車道、渋川伊香保ICより約60分。

■客室：104部屋 ■収容人数：550人 ■内風呂：男2・女2 ■露天風呂：男1・女1 ※姉妹館「四万たむら」の風呂も入浴可 ■宿泊料金：1泊2食 10,650円～ ■日帰り入浴：可

湯守の宿として時を刻む老舗旅館の風格

◆四万《しま》温泉「四万《しま》たむら」

バス発着所からみやげ物屋が並ぶ温泉街を抜け、田村坂と呼ばれる急な坂道を上り切ると、重厚な入母屋造りのかやぶき屋根が姿を現す。この玄関とフロントに隣接した「中の間」「上段の間」は、天保5（1834）年に建て替えられたもので、昭和まで湯治宿としてあった「賽陵館《さいりょうかん》　田村旅館」の面影を今に伝えている。

創業は室町時代、永禄6（1563）年に田村旅館の祖、田村甚五郎清政氏が湯宿を始めたとされている。その孫、3代目彦左衛門が分家し、現在の場所で湯宿を開き、現主人の14代目田村康氏にいたるまで、

約500年もの長きにわたり四万温泉の湯守《ゆもり》を務めてきた。これが今でも「お湯のたむら」と言われるゆえんである。

現在、「たむらの森」と呼ばれる10万坪の敷地内で所有している源泉は10カ所あり、すべて自然湧出している。総湧出量は推定毎分2000リットル以上といわれ、うち現在利用している源泉は7本。毎分1600リットルの豊富な湯量が、館内8つの浴場と姉妹館「四万グランドホテル」の3つの浴場で、存分にかけ流されている。

到底1泊で全湯を制覇することは不可能なのだが、以前訪れたときに2湯を浴したことがあるので、残り6湯に挑戦することにした。夕食前に大浴場「甍《いらか》の湯」と川の水かさが増すと姿を消してしまうという幻の湯「竜宮」を、寝しなに大きな岩が割れて湯が湧き出したという故事にまつわる源泉を引き込んだ「岩根の湯」を浴《あ》んで初日を終えた。

翌朝、別館「花涌館《かよう》」にある「翠《みどり》の湯」へ。なんとも湯治場風情が残るレトロな湯屋である。ヒノキの床底からポコポコと源泉の気泡が湧き上がり、生まれたばかりの湯が全身をやさしく包み込んでくれた。結局、すべての湯をめぐることはできなかったが、残りは次回の楽しみに取っておくことにした。

■源泉名：四万温泉　岩根の湯　他6本　■湧出量：1600ℓ／分（自然湧出）■泉温：73℃～85℃
■泉質：ナトリウム・カルシウム－塩化物・硫酸塩温泉　■効能：胃腸病、リウマチ性疾患、運動器障害、創傷、慢性湿疹ほか　■温泉の利用形態：源泉が高温のため加水あり、加温なし、完全放流式

お宝

12代主人の田村茂登馬《もとめ》氏が慶応義塾大学の卒業時にいただいた福沢諭吉の写真。玄関の奥「中の間」に飾られている。

四万温泉 温泉三昧の宿 **四万たむら**

〒377-0601 群馬県吾妻郡中之条町四万4180
TEL.0279-64-2111　FAX.0279-64-2270

電車：JR吾妻線、中之条駅からバス（約40分）で「四万温泉駅」下車。徒歩約3分。
車：関越自動車道、渋川伊香保ICより約60分。

■客室：47部屋　■収容人数：200人　■内風呂：男4・女4　■露天風呂：男2・女2　■貸切風呂：1　■宿泊料金：1泊2食 13,800円～　■日帰り入浴：可

生きた自然の味が胃袋をやさしく刺激する

◆四万《しま》温泉「くれない」

射的やスマートボール、みやげ物屋、飲食店が軒を連ねる昭和レトロな落合通り。料理旅館「くれない」は通りの最奥、四万川に架かる落合橋のたもとにたたずんでいる。代々、この地で新鮮な川魚料理を湯治客に提供してきた。

「料理を部屋出ししないのは、客に出す直前まで魚を生け簀《す》で泳がせておきたいから。川魚の本当のおいしさを知ってほしい」と語る3代目主人の羽田賢士さん。

昭和9年、祖父が料理屋として創業。戦後になり民宿を併設し、温泉街の食事処として大衆食堂を商ってきた。川魚料理には定評があり、旅館

の厨房下に生け簀を持ち、四万の名峰・水晶山からの伏流水によりイワナやヤマメ、ウナギ、スッポンなどを調理する直前まで育てている。

「生きた自然の味を届けたい」と言う主人の包丁さばきは見事である。夕食の膳に何気なく盛られたギンヒカリのお造り。ギンヒカリとは、群馬県のブランドマスのことで、県内で育った1キロ以上の最高級ニジマスのみが、そう呼ばれている。身は鮮やかなサーモンピンクをしていて、適度なしまりがあり、あっさりとした食感はニジマスとは思えない絶品の味と評判が高い。私も以前に何度か食したことがあるが、ひと切れ口に運んで驚いた。以前食べたギンヒカリと、まったく違う。その弾力のあるコリコリ感に、思わず「うまい」と声を上げてしまったほどだ。「湧き水で身を引き締めて、クセを抜いているから」そう、主人がポツリと言った。

　川魚や山菜など、旬の素材が一つ一つ丁寧に調理され、生きた自然の味がそのまま胃袋をやさしく刺激する。卓越した料理には、暮れなずむ山並みと清流の音、そして地酒が実に良く合う。

■源泉名：四万温泉　岩文の湯・積善の湯・明治の湯の混合泉　■湧出量：測定せず（自然湧出）　■泉温：53℃　■泉質：ナトリウム・カルシウム－塩化物・硫酸塩温泉　■効能：神経痛、筋肉痛、関節痛、冷え性、動脈硬化、疲労回復ほか　■温泉の利用形態：季節により加水あり、加温なし、完全放流式

お宝

主人が修業した料亭「吉兆」の創業者、湯木貞一氏の直筆サイン入り著書『吉兆料理花伝』。今日の「くれない」の味の原点がここにある。

四万温泉 料理旅館 くれない

〒377-0601 群馬県吾妻郡中之条町四万4143-2
TEL.0279-64-2006　FAX.0279-64-2253

電車：JR吾妻線、中之条駅からバス（約40分）で「四万温泉駅」下車。徒歩約3分。
車：関越自動車道、渋川伊香保ICより約60分。

■客室：6部屋　■収容人数：25人　■内風呂：男1・女1　■宿泊料金：1泊2食 12,750円～

【こらむ❸】*Column*

四万の病を治す上州の名湯

草津温泉、伊香保温泉とともに古くより「上州三名湯」の一つに数えられてきた四万温泉。四万の病を治すことから名付けられたとも言われるほど、その効能には定評があり、室町時代の開湯から５００年にわたり湯治場として栄えてきた。

現在、四万温泉には43本の源泉があり、うち40本が自然湧出している。泉質はナトリウム・カルシウム―塩化物・硫酸塩温泉(含石膏―弱食塩泉)が一番多く、その他にも単純温泉、硫酸塩温泉、塩化物温泉と4種類の源泉が湧いている。総湯量は毎分３５００リットル。湯量豊富な自家源泉を持つ旅館が多く、そのため大きい宿でも源泉かけ流しの風呂を提供している。

湯は無色透明で肌触りが良く、リウマチや婦人病に効果が高いといわれている。また昔から飲泉の慣習があり、飲用すると胃腸病のほか、整腸作用や食欲増進にも効能がある。

温泉街の各所、または旅館やホテル内に飲泉所があり、多くの湯治客や観光客が利用している。

ゆずりは地区

■ゆずりは地区 お宿マップ

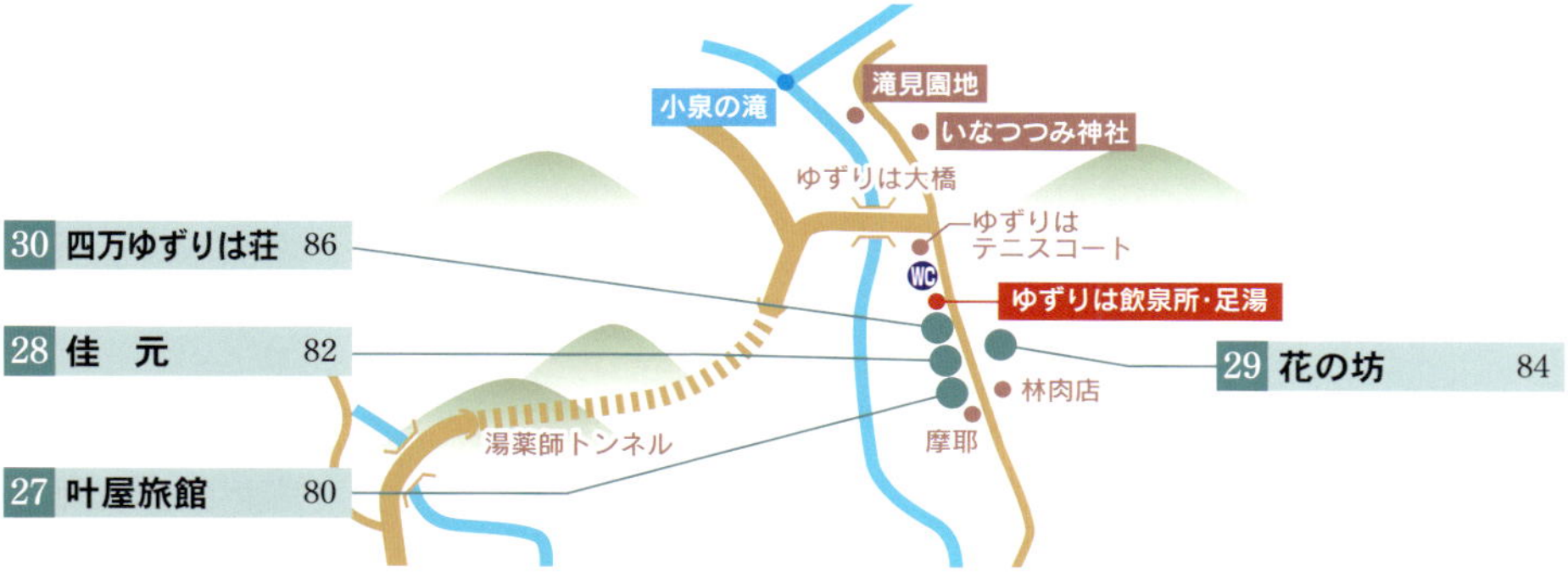

ゆずりは地区

緑の風が吹く 高原の避暑地のよう

ゆずりは地区は、温泉街にありながら深い森に囲まれている。

四万の名峰、水晶山のふもとに広がる自然豊かな別天地だ。

新湯地区から落合橋で四万川の左岸へ渡ると、途端に空気が変わるのが分かる。「ここも四万温泉なの？」と一瞬、戸惑いまで感じるほどに緑が色濃い。

それもそのはずで、５００年という湯治場の歴史を持つ四万温泉のなかで、もっとも

新しく開けた地区である。昭和41年、新源泉の湧出とともに湯宿が開設された。現在、4軒の旅館が営業をしている。
　温泉地としての歴史は浅いが、そのぶん自然が残されている。小泉の滝を望む滝見園地、地、水晶山の遊歩道が始まるゆずりは公園。そして、四万の土地神様が祀《まつ》られている稲つつみ神社が、うっ蒼《そう》とした杜《もり》の中に鎮座している。

旅人を出迎える手作りの吊るし雛たち

◆四万《しま》温泉「叶《かのう》屋《や》旅《りょ》館《かん》」

「ゆずりは」は四万川の左岸、水晶山のふところに抱かれた静かな温泉街。4軒の宿が、寄り添うようにたたずんでいる。叶屋旅館は、その一番手前。坂道を下ると、昭和の懐かしさが残る建物が、旅人を出迎えてくれる。

訪れる人は、まずロビーの天井から、たわわに吊《つ》るされた小さな人形の数に、圧倒される。その数、８００個。あたりを見回せば、ロビーといわず客室へ続く廊下の壁にも、種々さまざまにアレンジされた人形たちが、そこかしこに飾られている。すべて大女将《おかみ》の手作りだという。

「80歳を前にボケ防止を兼ね

て、何か人が喜ぶことをやりたいと思って2年前から始めたことなの。いつの間にか、こんなに増えちゃって」と初代女将の山口秀子さんは、いくつもの創作人形を見せてくれた。

折しも訪ねたのが「桃の節句」前ということもあり、七段飾りの立派な雛《ひな》人形も飾れていたが、私は女将が作った雛人形に心を奪われた。今年の干支《えと》であるウサギが2匹、仲良く台座にのっている内裏雛だ。なんとも、ほんわかとした表情に癒やされる。

「最近は頼まれて、公共の場所にも飾ってもらっているのよ」

そういえば、確か温泉協会事務局のロビーにも、似たような吊るし雛が飾られたいたことを思い出した。温泉街の他の旅館の女将さんたちにも、作り方を教えているのだという。厄除《よ》けのお守りにもなることから買い求める人がいるため、販売も行っている。

現在は経営の一切を2代目女将の淳子さんと孫の浩司さんに任せて、隠居生活を楽しんでいる様子。それでも大女将に会いに、訪ねてくる常連客は多い。

■源泉名：四万温泉　湯の泉の湯・山鳥の湯の混合泉 ■湧出量：測定せず（自然湧出） ■泉温：49.4℃ ■泉質：カルシウム・ナトリウム－硫酸塩温泉 ■効能：神経痛、筋肉痛、関節痛、五十肩、運動まひほか ■温泉の利用形態：加水なし、加温なし、完全放流式

お宝

吊るし雛やマスコット人形の制作に使用する布切れの数々。大女将のために友人や知人、客までもが持ってきてくれるという。自ら染色もしている。

四万温泉 叶屋旅館

〒377-0601 群馬県吾妻郡中之条町四万4139-12
TEL.0279-64-2104　FAX.0279-64-2770

電車：JR吾妻線、中之条駅からバス（約40分）で「四万温泉駅」下車。徒歩約10分。宿泊送迎あり。
車：関越自動車道、渋川伊香保ICより約60分。

■客室：10部屋 ■収容人数：45人 ■内風呂：男1・女1 ■貸切露天風呂：1 ■宿泊料金：1泊2食10,650円～

甘い南国の香り漂う美酒に酔いしれる

四万《しま》温泉「佳《よし》元《もと》」

なんとも魅力的な宿である。飴《あめ》色の灯りをともす和のエントランス、磨き上げられたロビーの床板。贅沢《ぜいたく》なまでに木のぬくもりが漂う。そして旅人を迎える囲炉裏《いろり》端には、さりげなく地酒の利き酒コーナーがある。それを見ただけで、酒好きの主人がいる宿であることが分かる。その読みは、その晩、明らかとなった。

　大浴場と四万川を望む露天風呂で軽く汗を流し、夕食を済ませると、2階のバーへと向かった。カウンターの奥の棚に、ズラリと並んだ焼酎の銘柄。その数、約160種類。酒好きの主人の趣味が高じて、全国から入手困難な名酒を自ら集めたのだという。

　主人の田村佳之さんは四万生まれの四万育ちだが、実家が旅館を商っていたわけではない。平成5年、それまで高崎でサラリーマンをしていた田村さんが、脱サラをしてオープンした宿である。

「酒と食と会話をテーマにした宿づくりにこだわった結果、

このような宿になりました」
そう言って、焼酎をグラスに注いでくれた。本格芋焼酎「兎乃（うの）」。同館が加盟する個性豊かな小規模の宿の集まり「一の宿倶楽部」のオリジナル焼酎である。癖のないキリッとした味わいが、とても飲みやすい。主人自らが鹿児島県の蔵元を訪ねて、試行錯誤の末に造り上げた自信作である。

「この焼酎のおかげで、妻とも出会えたんですよ」と、鹿児島で出会った奄美大島出身の女将《おかみ》、ひとみさんとの馴《な》れ初め話を聞いた。そして最後は、女将の故郷、奄美大島産の黒糖焼酎で締めくくった。南国の甘い香り漂う、美酒に酔いしれた。

■源泉名：四万温泉 湯の泉の湯・山鳥の湯 混合泉 ■湧出量：測定せず（掘削自噴・動力揚湯） ■泉温：49.4℃ ■泉質：カルシウム・ナトリウム－硫酸塩温泉 ■効能：胃腸病、リウマチ、神経痛、婦人病、慢性皮膚疾患ほか ■温泉の利用形態：加水あり、加温あり、循環ろ過

お宝

主人が鹿児島県の蔵元との提携により造ったオリジナル本格芋焼酎「兎乃（うの）」。奄美大島出身の女将と出会うきっかけとなった思い出の酒。

四万温泉 時わすれの宿 佳元

〒377-0601 群馬県吾妻郡中之条町四万4344-2
TEL.0279-64-2314 FAX.0279-64-2978

電車：JR吾妻線、中之条駅からバス（約40分）で「四万温泉駅」下車。徒歩約10分。宿泊送迎あり。
車：関越自動車道、渋川伊香保ICより約60分。

■客室：8部屋 ■収容人数：35人 ■内風呂：男1・女1 ■露天風呂：男1・女1 ■貸切風呂：1 ■宿泊料金：1泊2食 15,900円～

ひそやかに咲く野の花のようなやさしい空間

◆四万《しま》温泉「花《はな》の坊《ぼう》」

訪ねるたびに、やさしい気持ちになれる宿である。

玄関の前に立つと、しっとりとしたたたずまいで石畳と庭園が迎えてくれる。さり気なく咲く野の花、せせらぐ水の音、そよぎ抜ける風のささやき、旅人の疲れをすべて吸収するかのように、和の情緒が回廊のようにロビーまでつづく。

「宿の名前には、野に咲く花のようなやさしさをお届けしたいという思いを込めました」と2代目女将《おかみ》の湯浅麻紀子さん。

創業は昭和41年。それ以前は先代が新湯地区で写真館とみやげ物屋を営んでいたが、

■源泉名：四万温泉　湯の泉の湯・山鳥の湯　混合泉 ■湧出量：測定せず（掘削自噴・動力揚湯） ■泉温：49.4℃ ■泉質：カルシウム・ナトリウム－硫酸塩温泉　■効能：リウマチ性疾患、神経痛、気管支炎、創傷、更年期障害ほか ■温泉の利用形態：季節により加水あり、季節により加温あり、循環ろ過

お宝

日本画壇の巨星、茶園菁山より寄贈された「紫陽花」（80号）。亡くなるまで毎年のように同館を訪れ、絵を描いていた。

四万温泉 四万すみよしや **花の坊**

〒377-0601 群馬県吾妻郡中之条町四万4138
TEL.0279-64-2121 FAX.0279-64-2777

電車：JR吾妻線、中之条駅からバス（約40分）で「四万温泉駅」下車。徒歩約8分。宿泊送迎あり。
車：関越自動車道、渋川伊香保ICより約60分。

■客室：24部屋 ■収容人数：135人 ■内風呂：男1・女1 ■露天風呂：男1・女1 ■貸切風呂：1 ■宿泊料金：1泊2食 11,300円～

この地区に温泉が湧いたのを機に旅館業を始めた。当時は、ご飯とみそ汁、それにお新香を添える程度の半自炊型の宿だった。

「それでも5、6泊する団体客がたくさんやって来ました。四万全体に活気があり、まさに高度成長の波に乗っていた時期です」と主人の湯浅文男さんは述懐する。昭和45年から宿に入り、翌年に女将と結婚。今日まで二人三脚で「すみよしや」の看板を守り続けてきた。平成6年のリニューアル時に「花の坊」と改名し、純和風旅館として生まれ変わった。

ロビーを上がると、12枚の畳が敷きつめられている。その1枚1枚に四季の花々が描かれている。廊下や客室に飾られている絵画から女性客へ貸し出される浴衣の絵柄まで、すべて花づくしである。極めつけは、壁一面ガラス張りのラウンジだろう。あたかも巨大な絵画を見ているような迫力で、中庭の風景が視界いっぱいに広がる。館内どこを歩いても、花と緑に包まれている宿だ。

「心が荒れている世の中だからこそ、やさしさを提供したい」そんな主人と女将の思いが、ひしひしと伝わってくるのである。

気安く泊まれる源泉かけ流しの国民宿舎

◆四万《しま》温泉「四《し》万《ま》ゆずりは荘《そう》」

ゆずりは地区へ入ると、ふっと空気が変わるのが分かる。温泉街に比べると少し標高が上がるからだろうか、澄んだ清涼感のある匂いがする。そしてここは、四万温泉のなかでも最後に開けた地区である。昭和41年、新しい源泉の湧出とともに、四万唯一の国民宿舎として「ゆずりは荘」が開設された。

杉木立の奥で、創業当時のままの装いで旅人を迎えてくれる。そのレトロなたたずまいが、公共の宿ならではの気安さなのである。そして、玄関前にそびえる1本の木。これが地区名と宿名の由来となった「ゆずりは」の木だ。新しい

葉が出ると入れ替わって古い葉が落ちることから己の代を次の代にゆずる親心を表す繁栄の象徴とされ、〝新旧相ゆずる〟という縁起を祝って新年の飾り物にも使われている常緑樹である。

「初めて来られたお客様は『国民宿舎って、こんなに良いところなの』って、驚かれる方が多いですね」と支配人の綿貫尚さん。

確かに中之条町営なので、一般の旅館やホテルに比べれば宿泊料金は安価だ。それゆえ、過剰な期待をしないで来る客がほとんどのはずである。ところが設備や料理、接客サービスのレベルの高さに、誰もが良いほうに裏切られるのだろう。実は私も、裏切られた一人である。

まず湯量の豊富さに驚いた。さらに湯が新鮮であること。加水もせず、加温もせず、存分にかけ流されている。これは確かな湯守《ゆもり》のいる証拠である。

湯上がりに脱衣所で、こんな一文を見つけた。『外気温の影響などあり、冬場は浴槽内の湯の温度が一定しませんが、足し引きのない天然温泉のため、あたたまりの効果などに変わりはありません。天然温泉風呂は、自然環境に人間が融け込むお風呂です』

なるほど、憎いばかりの湯心である。

■源泉名：四万温泉　湯の泉の湯・山鳥の湯　混合泉 ■湧出量：測定せず（掘削自噴・動力揚湯） ■泉温：49.4℃ ■泉質：カルシウム・ナトリウム－硫酸塩温泉 ■効能：胃腸病、リウマチ、神経痛、筋肉痛、気管支炎ほか ■温泉の利用形態：加水なし、加温なし、完全放流式（一部循環併用）

お宝

昭和41年、創業時のパンフレット。45年経った現在でも建物と料金は、さほど変わっていないことが分かる。

四万温泉 国民宿舎 四万ゆずりは荘

〒377-0601 群馬県吾妻郡中之条町四万4345
TEL.0279-64-2031 FAX.0279-64-2340

電車：JR吾妻線、中之条駅からバス（約40分）で「四万温泉駅」下車。徒歩約10分。宿泊送迎あり。
車：関越自動車道、渋川伊香保ICより約60分。

■客室：27部屋 ■収容人数：80人 ■内風呂：男1・女1 ■露天風呂：男1・女1 ■宿泊料金：1泊2食7,550円～ ■日帰り入浴：可

【こらむ④】*Column*

文人たちが清遊した四万

「此処(沢渡温泉)にこのまま泊まろうか、もう三、四里を歩いて四万温泉へ廻ろうか、それとも直ぐ中之条へ出て伊香保まで延ばそうかと二人していろいろに迷ったが、終に四万へ行くことにきめて、昼食を終るとすぐまた草鞋を穿いた。」(『みなかみ紀行』より)

大正11年10月、若山牧水は弟子とともに四万を訪れ、田村旅館(現・四万たむら)に投宿した。著書では、湯治客中心の長期滞在型のシステムを知らなかった牧水は、一泊の宿を求めたために冷遇を受けたと、四万ならではのエピソードを記している。

「四万川の渓流に沿って進むと赤、黄に色づいた山々の紅葉がまばゆく面前に迫ってきた。これは美しい―わたしは思わず体を車中にもたげた。四万川の渓流は女性的だ。それだけに家庭的で親しみやすい。」(『四万の印象』より)

これは昭和27年11月、前橋市と中之条町の講演会に訪れた際に立ち寄った丹羽文雄の四万温泉の印象記である。その晩は積善館に泊まり、関係者らと隠し芸などをやって大いにさわいだという。

その他にも井伏鱒二、太宰治、与謝野晶子、斎藤茂吉、土屋文明、高村光太郎、獅子文六など多くの文人たちが四万を訪れ清遊している。

日向見《ひなたみ》地区

日向見地区 お宿マップ

日向見地区

薬師堂から湯けむりが上がる四万発祥の地

四万温泉とは、「温泉口」「山口」「新湯」「ゆずりは」「日向見」の５カ所の地区の総称である。その中でも日向見は、湯の発見と利用が一番古いといわれており、昭和の時代までは日向見温泉と呼ばれていた。

四万温泉発祥の湯といわれている「御《ご》夢《む》想《そう》の湯」。湧出地の上には日向見薬師堂が建立され、現在でも石垣の間から湯けむりを上げている。室町時代後期に建てられた国内でも数少ない木造の唐風建築で、明治45（１９１２）年に国の特別保護建築物（国宝）に指定さ

れ、戦後は法改正により国指定重要文化財となっている。お堂の周りは、共同湯や足湯、駐車場が整備されているが、その重厚なたたずまいは昔と変わらず今も静かに時を刻みつづけている。

周辺には、美しい姫が運命的な出会いをするラブロマン伝説の残る摩耶の滝、コバルトブルーに湖面が染まる神秘的な奥四万湖など、見どころが多い。

ペットは家族の一員、部屋も食事も入浴も一緒

◆四《し》万《ま》温泉「三《み》国《くに》園《えん》」

ひなたみ大橋を渡り日向見地区へと入ると、すぐに「三国園」の看板が目に入る。急な坂道を上り詰めると、静かなたたずまいの和風旅館が現れた。

一見、普通の旅館に見える。ところが1台の県外ナンバーの車が入ってくると、客人と一緒に1匹のビーグル犬が降りてきて、そのまま宿の中へ入って行ったのである。後から続くと、ロビーにはシーズーとチワワとプードルまでいる。ここは犬専用の旅館なのだろうか。

「いえいえ、うちにはカメもコイも熱帯魚もいますよ。泊まりにくるペットも犬だけではありません。ネコ、小鳥、ウサギ、サル、ペレット……」と、私の驚く顔を見ながら2代目主人の小林久雄さんが笑う。

最近はペットと宿泊できるペンションなども増えてきた

■源泉名：四万温泉　山鳥の湯・湯の泉の湯の混合泉　■湧出量：測定せず（自然湧出）　■泉温：49.4℃　■泉質：カルシウム・ナトリウム－硫酸塩温泉　■効能：神経痛、筋肉痛、関節痛、打ち身、動脈硬化ほか　■温泉の利用形態：加水なし、季節により加温あり、完全放流式

が、同館は昭和42年創業の全国でも老舗のペットと泊まれる温泉旅館なのだ。

「きっかけは、盲導犬を連れたお客さんが泊まられたことでした。お帰りのとき、犬の毛を気にして一生懸命に部屋の掃除をしていらしたんですね。だったらいっそのこと、犬好きが気をつかわなくてすむペット連れ専用の宿にしてしまおうと思ったんですよ」

今では、ほぼ100パーセント近くがペットと一緒の客だという。

玄関にはペットの足ふきタオルが、また各階の廊下にはペット専用の冷蔵庫と電子レンジが置かれている。「ふだん食べ慣れたものを食べさせてほしい」との思いから、あえて宿ではペット用の食事は用意していない。飼い主が持参するため、ペットの宿泊料金は無料である。

「ペットは家族の一員です。ですから私どもでは、乳幼児あつかいとさせていただいております」

部屋も一緒、食事も一緒、露天風呂も一緒。「こんな温泉旅館を探していた」というペット好きたちが、今日も全国からやって来る。

お宝

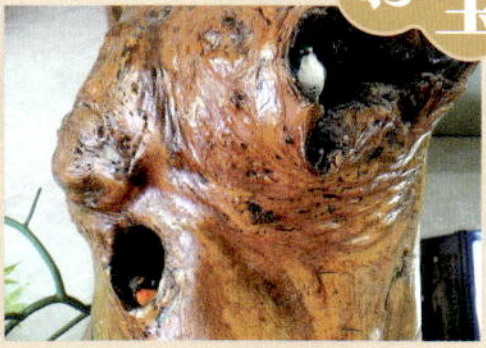

ロビーにそびえるケヤキの巨木。樹齢は推定約500年、1階から2階へ突き抜ける姿は神々しいほど。長年ここで客人たちを出迎えてきた宿の御神木だ。

四万温泉 旅館 三国園

〒377-0601 群馬県吾妻郡中之条町四万4362
TEL.0279-64-2231　FAX.0279-64-2232

電車：JR吾妻線、中之条駅からバス（約40分）で「四万温泉駅」下車。宿泊送迎あり。
車：関越自動車道、渋川伊香保ICより約60分。

■客室：11部屋　■収容人数：60人　■内風呂：男１・女１　■露天風呂：貸切１（ペット用浴槽付き）　■宿泊料金：1泊2食　10,650円～（ペットは無料、ただし犬は室内犬のみ）

湯上がりは涼風をもらいに庭園から渓谷へ

◆四万《しま》温泉「伊《い》東《とう》園《えん》ホテル四万《しま》」

四季折々の表情を華麗に見せる小泉の滝。小さな滝だが、堂々としたシンプルなフォルムが美しい。車道脇の滝見園地から楓《ふう》仙《せん》峡《きょう》を眺めるたびに、四万の自然の奥深さに圧倒されてしまう。

滝口の上、さらに日向見川が渓谷を狭める深山幽谷の地に、和風旅館が落ちついたたたずまいを見せている。その前身は「日向見荘」といい、長年にわたり日向見地区の湯治客を受け入れてきた老舗旅館だった。さらに歴史をさかのぼると日向見の最奥、日向見薬師堂の隣、現在の共同湯「御《ご》夢《む》想《そう》の湯」のあたりに「石塚館」という宿があり、のちに「日向

見荘本館」と改名したという。「戦後、間もなくのことだった」と温泉街の長老が教えてくれた。

昭和41年、現在の場所に別館を新築。その後、本館は共同湯や薬師堂周辺整備のために姿を消し、別館だけが残ったとのことだ。一つの旅館の歴史を紐解くと、温泉地の移り変わりの様子が知れて、実に面白いのである。

私がここを訪れるのは2度目だった。もう10年近く前になるが、以前、私が編集人をしていた雑誌のスタッフたちと泊まったことがあった。旅館名は変わっているものの、建物も庭園も、そして自然豊かな環境も、あの頃のままだ。懐かしさとともに、当時のスタッフの顔が1人、2人と浮かんでは消えていった。

渓谷を望む露天風呂も、あの日のままだった。せせらぎの音、鳥のさえずり、包み込むような深い緑の森……。しばし、めくるめく思い出が湯の中を浮遊していた。よし、あの日のように涼風をもらいに、庭園から渓谷まで下りてみることにしよう。私は、はやる心で湯舟から上がった。

■源泉名：四万温泉　山鳥の湯・御夢想の湯・愛楓荘の湯・湯の泉の湯の混合泉 ■湧出量：測定せず（自然湧出・掘削自噴・動力揚湯）■泉温：46℃
■泉質：カルシウム・ナトリウム－硫酸塩温泉
■効能：神経痛、関節痛、筋肉痛、婦人病、胃腸病ほか
■温泉の利用形態：加水なし、季節により加温あり、循環ろ過式

お宝

昭和41年のオープンより宿泊客を出迎えてきたロビーの壁画。夕日を背景に12羽のツルが悠々と大空を舞う姿を、懐かしく眺める常連は多い。

四万温泉　伊東園ホテル四万

〒377-0601 群馬県吾妻郡中之条町四万4358-1
TEL.0279-64-2201　FAX.0279-64-2876

電車：JR吾妻線、中之条駅からバス（約40分）で「四万温泉駅」下車。宿泊送迎あり（中之条駅からも可）。
車：関越自動車道、渋川伊香保ICより約60分。

■客室：70部屋 ■収容人数：240人 ■内風呂：男2・女2 ■露天風呂：男2・女2 ■宿泊料金：1泊2食6,800円（1室3人以上）7,800円（1室2人まで）

四万らしさを呼びもどす ダイニング旅館

◆四万《しま》温泉「山《やま》ばと」

日向見薬師堂へ続く参道沿いに、一見、和風レストランのような旅館が建っている。「源泉コーヒー」「お抹茶セット」の文字が一層、そう思わせるのかもしれない。

「元々、私は商人の娘。外から来た人たちともっと触れ合いたかったから、宿泊以外のお客さんにも寄ってもらいたくて始めたのよ」と2代目女将《おかみ》の山口良子さんは、レストランをオープンさせたいきさつを話してくれた。

先代である女将の父が、民宿「山ばと荘」を開業したのは昭和51年のこと。それ以前は、みやげもの屋を商っていた。

「小さいときからお店が私の

■源泉名:四万温泉　山鳥の湯・湯の泉の湯の混合泉　■湧出量:測定せず（自然湧出）　■泉温:49.4℃　■泉質:カルシウム・ナトリウム－硫酸塩温泉　■効能:神経痛、筋肉痛、関節のこわばり、打ち身、動脈硬化ほか　■温泉の利用形態:加水なし、季節により加温あり、完全放流式

旅館名にちなんだ「ハトの箸置き」。オープン以来、食事で使用しているが「置物として土産に欲しい」という客の声に応えて、販売も行っている。

四万温泉 湯の宿 山ばと

〒377-0601 群馬県吾妻郡中之条町四万4358-11
TEL.0279-64-2217　FAX.0279-64-2254

電車:JR吾妻線、中之条駅からバス（約40分）で「四万温泉駅」下車。宿泊送迎あり。
車:関越自動車道、渋川伊香保ICより約60分。

■客室:7部屋　■収容人数:25人　■貸切風呂:内風呂２・露天風呂１　■宿泊料金:1泊2食 13,150円～　■日帰り入浴:可

遊び場だったの。『いらっしゃいませ〜』って、お客さんに声をかけてお店屋さんごっこをしていた。旅館のお客さんたちにも、よく遊んでもらいました」

平成10年、女将の代になり旅館「山ばと」としてリニューアルオープン。経営は順調だったが心の中には、いつもわだかまりがあった。それは昔のように温泉街を歩く人がいて、買い物をしたり食事ができる〝四万らしい光景〟への憧《しょう》憬《けい》。女将が、かつて見ていた、旅人と四万の人々が触れ合う姿だった。

平成20年6月、一念発起をして旅館を改装し、ダイニングルーム「楽庵」をオープンさせた。旅館でありながら、一般客もランチとディナー（予約）ができる店として、他の旅館の連泊客や日帰りの観光客らが足を運んで来るようになった。

また、妊婦や子育て期の女性にも温泉に入ってくつろいでもらいたいと「マタニティープラン」や「赤ちゃんプラン」といったアイデア企画を打ち出している。「旅館の概念を変えてみたいのよ」

そう笑った女将に、古くて新しい四万の顔を見た。

門前通りで代々打ち継がれる 薬師のそば

◆四万《しま》温泉「寿《ことぶき》屋《や》旅《りょ》館《かん》」

かつて日向見薬師堂の参道沿いには、名物のそばを食べさせる店が何軒かあった。現在のように1泊2日の温泉旅行が定着する以前のこと。長期滞在する湯治客らは、日々の昼食を宿の外でとっていた。

「湯治で来られているお客さんには、胃にもたれない消化の良いそばが、打って付けの食事だったのでしょう。薬師様へのお参りの帰りに、そばを食べるのが古くからの四万の湯治スタイルだったんですよ」と、2代目主人の戸谷修さんは歴史をふりかえる。

修さんの父親が、この地で参拝客の休み処として割烹《かっぽう》料理屋を開業したのは、戦後まもなくのこと。小腹が空いた湯治客たちのために、そばを打って提供したのが「薬師そば」の始まりだった。旅館になった現在でも、薬師堂の山門前にかかげる看板には「元祖」の文字が書かれている。

「私も息子も、子どもの頃からそばを打つ親の姿を見ているわけですから、知らずのうちにそばを打てるようになってました」

現在は、サラリーマンを辞めて6年前に帰ってきた3代目の嘉浩さんが、その腕をふるっている。

「そばの良し悪しは"水まわし"と呼ばれるコネの作業で決まります。この部分をきちんと仕上げないと、食べたときの喉ごしに違いが出てしまうので、一番神経をつかいますね」と巧みな手さばきで、そばを打ち出した。

また「そば通は、そば屋でも釜の近くに席をとる」と言われるくらい、その命は茹《ゆ》でたてにある。打たれたそばは、四万の清水で茹でられ、しめられて、手早く客室へと運ばれる。こうして出てきたそばは、見た目にも美しい光沢をおびている。

湯上がりに、茹でたてのそばを食せる喜び。宿泊客のみが味わえる伝統の味だ。ひと口すすると、スーッとそばの芳《こう》ばしい匂いが鼻孔を抜けていった。それは四万の湯治文化を伝える歴史の香りでもあった。

■源泉名:四万温泉 山鳥の湯・湯の泉の湯の混合泉
■湧出量:測定せず(自然湧出) ■泉温:49.4℃
■泉質:カルシウム・ナトリウムー硫酸塩温泉
■効能:ストレス解消、胃腸病、リウマチ、神経痛、婦人病、虚弱体質ほか ■温泉の利用形態:加水なし、加温なし、循環ろ過

お宝

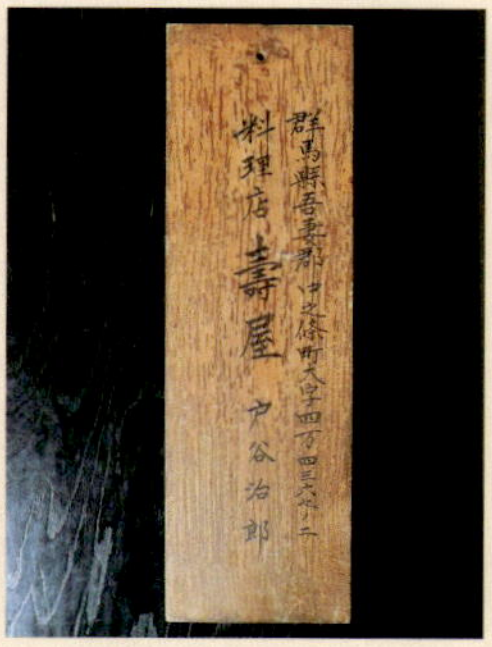

戦後まもなく、初代主人が湯治客の休み処として薬師堂の門前に店を出した頃の「料理店 壽屋」の看板。寿屋の歴史は、ここから始まった。

四万温泉 寿屋旅館

〒377-0601 群馬県吾妻郡中之条町四万4367-6
TEL.0279-64-2515 FAX.0279-64-2524

電車:JR吾妻線、中之条駅からバス(約40分)で「四万温泉駅」下車。宿泊送迎あり。
車:関越自動車道、渋川伊香保ICより約60分。

■客室:7部屋 ■収容人数:25人
■内風呂:男1・女1 ■露天風呂:貸切1
■宿泊料金:1泊2食 10,500円～ ■日帰り入浴:可

名もなき滝の調べを聴く、渓流沿いの小宿

◆四万《しま》温泉「ひなたみ館《かん》」

大きな旅館やホテルが並ぶ「山口」や「新湯」を抜けて、さらに奥へ奥へと渓流を遡上《そじょう》する「日向見」は、四万温泉の中にありながら固有の温泉地の様相を見せている。ここは四万温泉郷の秘湯〝日向見温泉〟と呼ぶのが、ふさわしいようだ。

渓流沿いの道は、最奥地で3つに分かれる。真ん中は、重要文化財の日向見薬師堂へつづく参道。右は、名瀑・摩耶《まや》の滝へと向かう。そして左へ入る道は、「日向見園地」と呼ばれる木々が生い茂る緑地帯とともに、そのまま「ひなたみ館」の玄関へ。この袋小路に入り込んだようなアプローチが、なんとも旅情をかき立てるのである。

「昔は緑地帯の所にも、裏の薬師堂駐車場にも旅館があったんですよ。ここも、だいぶ様変わりをしました。それでも豊かな自然と小さな宿が点在するひなびた感は、昔と変わらない日向見の魅力だと思います」と4代目主人の町田憲昭さん。3年前に旅行会社の営業マンを辞めて、十数年ぶりに故郷の四万温泉に帰ってきた。

宿の創業は明治38年。日向見で一番古い旅館である。

「伝統や文化も大切ですが、時代とともに温泉宿へ求めるお客さまのニーズは変化しています。これからは従来の旅館のイメージを壊していきたい。自分が泊まりたい旅館づくりを目指します」そう、若き主人は夢を語った。たとえ宿の形態は変わっても、代々受け継がれた湯守《ゆもり》の心と、この日向見の奥深い自然美は必ずや守り継がれていくことだろう。

宿からしか見えない滝がある。日向見川の本流が大岩にはばまれ、3本の筋に分かれて落ちる名もない美しい滝だ。湯上がりに眺めていると、まさに世のちりが洗い流されていくよう。やがてカナカナカナと旅愁を誘うように、ヒグラシが鳴きだした。

■源泉名：御夢想の湯・湯の泉の湯の混合泉 ■湧出量：測定せず（自然湧出、掘削自噴） ■泉温：49.4℃ ■泉質：カルシウム・ナトリウムー硫酸塩温泉 ■リウマチ、神経痛、胃腸病、婦人病、慢性皮膚病ほか ■温泉の利用形態：季節により加水あり、加温なし、放流・循環併用

お宝

ロビー脇の「やすらぎの間」で客人を出迎えるトチノキの一枚板テーブル。樹齢約700年の古木を使い、平成元年に先代主人が職人に作らせた。

四万温泉 ひなたみ館

〒377-0601 群馬県吾妻郡中之条町四万4367-8
TEL.0279-64-2021 FAX.0279-64-2023

電車：JR吾妻線、中之条駅からバス（約40分）で「四万温泉駅」下車。宿泊送迎あり。
車：関越自動車道、渋川伊香保ICより約60分。

■客室：12部屋 ■収容人数：45人 ■内風呂男1・女1 ■露天風呂：男１・女１ ■宿泊料金：1泊2食12,750円～

四万に秘湯あり、湯舟の底から源泉が湧く

四万《しま》温泉「中生館《ちゅうせいかん》」

四万温泉の最奥、日向見地区。その一番奥に、国の重要文化財に指定された「日向見薬師堂」と共同湯「御夢想《ごむそう》の湯」がある。ここが四万温泉のどのつまりと思いきや、薬師堂の奥に旅館が見える。四万温泉に秘湯あり、ここが噂に聞く足元湧出温泉の宿である。

創業は昭和16年。初代の中路生三さんが、自分の名前から2文字をとって「中生館」とする。「創業当時は学童疎開が始まったばかりで、そば屋を商いながら児童らを受け入れていたと聞きます」と3代目主人の中路力生さん。やはり名前に「中」と「生」の字が入っていた。

宿に着いたら、居ても立ってもいられなくなってきた。とにかく真っ先に「かじかの湯」を浴《あ》みたいものだ。そそくさと旅装を解いて浴衣に着替えると、玄関を飛び出し、渓谷に架かる橋を渡った。

足元湧出温泉とは、源泉の湧出口がそのまま湯舟になっている温泉のことで、これ以上新鮮な湯はありえない。全国でも1％未満しか存在しないといわれている大変希少な温泉である。

ここは深山幽谷の世界。うっ蒼とした森が覆う渓谷の底。川べりに岩と石に囲われた湯舟に、そーっと足を入れる。やがて腰から肩まで、ゆっくりと我が身を沈めた。日向見川のせせらぐ音と虫の声、そして谷を涼風が抜けていく。

ポコ、ポコポコ……。時折、生まれたばかりの湯の玉が、お尻から背中をつたって上っていく。ああ、なんという至福だろうか。まさに源泉のひとりじめである。

欲張りにも、夕食前に内風呂の「薬師の湯」も浴むことにした。創業当時から変わらぬ浴室は、昔ながらの湯小屋風。温泉好きには、このレトロ感がたまらない。

■源泉名：四万温泉　薬師の湯・かじかの湯　■湧出量：9.6ℓ／分・ 5.7ℓ／分（自然湧出）　■泉温：48.2℃・47.5℃　■泉質：カルシウム・ナトリウム－硫酸塩温泉　■効能：胃腸病、神経痛、関節痛、慢性婦人病、虚弱体質ほか　■温泉の利用形態：加水なし、季節により加温あり、完全放流式

お宝

昭和20年代に湯治客が、薬師堂を写した写真。「御夢想の湯」は現在の足湯の場所にあったことがわかる。当時の様子を知る貴重な1枚だ。

四万温泉　中生館

〒377-0601 群馬県吾妻郡中之条町四万4374
TEL.0279-64-2336　FAX. 0279-64-2337

電車：JR吾妻線、中之条駅からバス（約40分）で「四万温泉駅」下車。宿泊送迎あり。
車：関越自動車道、渋川伊香保ICより約60分。

■客室：15部屋 ■収容人数：48人 ■内風呂：男1・女1　■露天風呂：1（男女入替）・混浴1（夏期限定）■宿泊料金：1泊2食 9,075円～　湯治プラン（3泊以上）6,500円 ■日帰り入浴：可

4つの源泉から引き湯された「キセキノ湯」

◆四《し》万《ま》温泉「つるや」

四万温泉の最奥、日向見薬師堂の茅葺《かやぶ》き屋根を見下ろす高台に建つ「つるや」。山手側には中庭のように京都本能寺を本山とする法華宗の寺、薬王寺の境内が広がっている。寺を訪ねる場合には旅館の渡り廊下を越えなくてはならないし、露天風呂へ行く時は寺の参道を横切らなくてはならない。前々から不思議に思っていたが、話を聞いて納得をした。

「昭和11（1936）年、うちの土地に薬王寺が建立され、のちに祖父が敷地内に寺の宿坊として、本能寺の鶴紋から名をとり『鶴の坊』を創設しました。その後、温泉旅館として

独立したと聞いています」と3代目主人の関良則さん。

旅館の創業は昭和41年。祖父母から受け継いだ母親の代になり、バブル崩壊後、経営が悪化し、倒産寸前に追い込まれてしまった。旅館再生のため、急きょ呼び戻されたのが旅行会社に勤めていた長男の良則さんだった。

「四万に帰って来たものの、具体的な算段があったわけではありませんでした。ある日、露天風呂に入っていた時のことです。ガサッと音がして、よく見るとカモシカがこちらを覗《のぞ》いていたんです。これだ！と思いました」

露天風呂のすぐ横に、けもの道があり、以前から山の動物たちがやって来ていた。「四万温泉のなかでも一番奥にある宿だからこそ、カモシカだってやって来る。これこそが、うちの最大の魅力なんだ」と、宿名を「鹿覗きの湯　つるや旅館」に改名。すると、これが受けた。旅行雑誌に載るや、都会から若い人たちがやって来た。それまでの四万温泉は、年寄りの湯治客や宴会目的の団体客が中心だったのだから、まさに新風を巻き起こした。

平成22年、四万温泉発祥の由来となる最古の源泉「御《ご》夢《む》想《そう》の湯」を引き湯し、自家源泉と共有泉を合わせ4つの源泉が湯舟を満たしている。これを「キセキノ湯」と名付けた。

■源泉名：四万温泉　鹿覗きの湯・湯の泉の湯・山鳥の湯・御夢想の湯 ■湧出量：70ℓ／分（掘削自噴・動力揚湯） ■泉温：60.0℃ 49.4℃ 39.1℃ ■泉質：カルシウム・ナトリウム－硫酸塩温泉　アルカリ性単純温泉 ■効能：神経痛、筋肉痛、関節痛、五十肩、冷え性、胃腸病ほか ■温泉の利用形態：加水なし、加温あり、循環ろ過

お宝

京都本能寺を本山とする薬王寺。昭和40年、寺の宿坊として「鶴の坊」を創設。その後「つるや旅館」となり、現在の「鹿覗キセキノ湯　つるや」となった。

四万温泉 鹿覗キセキノ湯 つるや

〒377-0601 群馬県吾妻郡中之条町四万4372-1
TEL.0279-64-2927　FAX.0279-64-2291

電車：JR吾妻線、中之条駅からバス（約40分）で「四万温泉駅」下車。宿泊送迎あり。
車：関越自動車道、渋川伊香保ICより約60分。

■客室：13部屋 ■収容人数：50人 ■内風呂男1・女1（貸切時間あり） ■露天風呂：貸切2 ■宿泊料金：1泊2食 20,000円～ ■日帰り貸切入浴：可

【こらむ⑤】*Column*

もう一つの温泉発見伝説

永延3（989）年のこと。源頼光の四天王の一人、日向守《ひうがのもり》碓氷《うすい》貞光《さだみつ》という武将が、越後から上野国へ越えるとき、この地を通りかかった。今の日向見薬師堂のあたりで夜を迎え、野宿をすることとなった。石に腰かけ、うつらうつらしていると、どこからともなく一人の童子が現れて、不思議なことを言った。「私はこの山の神である。お前に四万の病を治す霊泉を授けよう」

貞光が目を覚ましてみると、腰かけていた石の下から、こんこんと温泉が湧き出していたという。このことを吉兆と感じた貞光は、自分の守り本尊の薬師如来をこの地に安置し、温泉は「御《ご》夢《む》想《そう》の湯」と名づけた。これが今の日向見温泉のはじまりである。また四万の病を治すというお告げのとおり、この地を「四万の郷」と名づけたところ、その後になって山口の湯や新湯が次々に発見されたといわれている。

四万温泉の楽しみ

四万の夜は昔なつかしレトロな香り

四万温泉に歓楽街はないが、その代わり落合通りに昔なつかしいスマートボールの店がある。

「お兄さん、上手だねぇ」

気っぷのいい、おばちゃんにおだてられて、ビー玉を弾く手にも力が入る。この地で50年以上、遊技場を営んでいるという。サービスで出てきたカリントウを頬ばり、お茶を飲みながら、世間話に花が咲いた。

ジャラジャラー

「ほーら、また入った。やっぱり、あんた上手だよ」

スマートボールなんて、いったい何年ぶりにやったのだろう。思い出せないくらい、はるか遠い記憶の隅っこにあるけど、その勘が一瞬にしてよみがえってきたようだ。３００円で買った45個のビー玉が、あれよあれよのうちに増えてガラス面を覆い出した。子どものように時間も忘れて、夢中でビー玉の行く先を追いかけていた。

さて、次はどこへ行こう。

「こんばんは。マスター、お久しぶりです」

向かいのスナックの扉を開けると、ここにも昭和の香りが漂っていた。

河原の湯

御夢想の湯

上の湯

山口露天風呂

こしきの湯（有料）
12月～3月冬期休業

清流の湯（有料）

四万は湯に始まり湯に終わる

「四万五入六湯」

これは、4万の病を癒やすといわれる四万温泉には、5つの地区があり、6つの外湯（共同湯）があることを表している。もちろん私の造語なのだが、長年、四万温泉に通っているうちに何気なく口を突いて出てきた言葉だった。

温泉口の「清流の湯」、山口の「上の湯」「山口露天風呂」、新湯の「河原の湯」、日向見の「御夢想《ごむそう》の湯」「こしきの湯」。これらの外湯は有料、無料問わず、観光客も自由に入浴することができるが、本来、外湯は温泉地で暮らす人たちの共同浴場である。共同湯を所有・管理する地元の人たちの厚意により、昼間開放しているものなので、利用者は〝湯をお借りしている〟という心づもりをお忘れなく。

外湯のほかにも温泉地内には、足湯や飲泉所が数カ所ある。湯量豊富な四万温泉ならではの湯めぐりの妙味を、ぜひ堪能されたし。

19	やまの旅館	吾妻郡中之条町四万4237-47	0279-64-2604	p60
20	唐沢屋旅館	吾妻郡中之条町四万4237-22	0279-64-2514	p62
21	民宿　中村屋	吾妻郡中之条町四万4237-33	0279-64-2601	p64
22	積善館　本館	吾妻郡中之条町四万4236	0279-64-2101	p66
23	積善館　佳松亭・山荘	吾妻郡中之条町四万4236	0279-64-2101	p68
24	四万グランドホテル	吾妻郡中之条町四万4228	0279-64-2211	p70
25	四万たむら	吾妻郡中之条町四万4180	0279-64-2111	p72
26	くれない	吾妻郡中之条町四万4143-2	0279-64-2006	p74

ゆずりは地区

27	叶屋旅館	吾妻郡中之条町四万4139-12	0279-64-2104	p80
28	佳元	吾妻郡中之条町四万4344-2	0279-64-2314	p82
29	花の坊	吾妻郡中之条町四万4138	0279-64-2121	p84
30	四万ゆずりは荘	吾妻郡中之条町四万4345	0279-64-2031	p86

日向見地区

31	三国園	吾妻郡中之条町四万4362	0279-64-2231	p92
32	伊東園ホテル四万	吾妻郡中之条町四万4358-1	0279-64-2201	p94
33	山ばと	吾妻郡中之条町四万4358-11	0279-64-2217	p96
34	寿屋旅館	吾妻郡中之条町四万4367-6	0279-64-2515	p98
35	ひなたみ館	吾妻郡中之条町四万4367-8	0279-64-2021	p100
36	中生館	吾妻郡中之条町四万4374	0279-64-2336	p102
37	つるや	吾妻郡中之条町四万4372-1	0279-64-2927	p104

社団法人　四万温泉協会　〒377-0601 群馬県吾妻郡中之条町四万4379
TEL.0279-64-2321　FAX.0279-64-2137
URL http://www.shimaonsen.com/
e-mail:shima@bay.wind.ne.jp

あなたにも教えたい 四万温泉 宿一覧

温泉口地区

1	柏屋旅館	吾妻郡中之条町四万3829	0279-64-2255	p16
2	四萬舘	吾妻郡中之条町四万3838	0279-64-2001	p18
3	竹葉館	吾妻郡中之条町四万3838	0279-64-2221	p20
4	長静館	吾妻郡中之条町四万3843-7	0279-64-2311	p22
5	白岩館	吾妻郡中之条町四万3843-2	0279-64-2124	p24

山口地区

6	もりまた旅館	吾妻郡中之条町四万3849-1	0279-64-2226	p30
7	四万やまぐち館	吾妻郡中之条町四万3876-1	0279-64-2011	p32
8	山田屋旅館	吾妻郡中之条町四万3893	0279-64-2912	p34
9	つばたや旅館	吾妻郡中之条町四万3985	0279-64-2920	p36
10	豊島屋	吾妻郡中之条町四万3887	0279-64-2134	p38
11	鍾寿館	吾妻郡中之条町四万3895	0279-64-2301	p40
12	いずみや	吾妻郡中之条町四万3981-1	0279-64-2404	p42
13	三木屋旅館	吾妻郡中之条町四万3894	0279-64-2324	p44

新湯地区

14	あやめや旅館	吾妻郡中之条町四万4238-45	0279-64-2438	p50
15	旅館　若山	吾妻郡中之条町四万4238-44	0279-64-2621	p52
16	なかざわ旅館	吾妻郡中之条町四万4238-41	0279-64-2716	p54
17	はつしろ旅館	吾妻郡中之条町四万4237-53	0279-64-2510	p56
18	一花館	吾妻郡中之条町四万4237-50	0279-64-2224	p58

何もないとは、なんて素敵なことだろう

四万温泉との付き合いは、かれこれ20年以上になる。当時、私は群馬県内のタウン誌の編集者をしていた。全国でもタウン誌の草分けといわれた歴史のある雑誌で、加盟店制度という広告収入により成り立っていた。四万温泉にも私が担当する加盟店があり、雑誌の納品を兼ねて、月々、加盟費の集金に訪れていた。今思えば、あれが私と温泉との出会いだったようだ。四万温泉に限らず、県内温泉地の加盟店を回っていたのだから。まさか20年後に、こうして温泉ライターとして県内の温泉地をくまなく飛び歩いているとは、当時は思いもよらなかったことである。

四万温泉とは、何かの縁で結ばれていたようだ。私が編集者を辞め、フリーランスのライターになって間もなくのことだった。２０００年10月、四万温泉協会主催による『探《さが》四《し》万《ま》展《てん》』というイベントが開催されることになった。

きっかけは、この年の４月に群馬県が実施した『ぐんま温泉紀行』だった。ペア２０００組を県内19カ所の温泉旅館に優待する企画で、県内および首都圏から５万通を超える応募があり、このうち「泊まりたい温泉」として四万温泉がトップとなったのである。常に国内旅行の人気投票で第１位となっていた草津温泉がダントツになると予想されていただけに、誰もが結果に驚いた。何より一番驚いたのは、四万温泉の関係者たちだった。

「地元の人間には分からない、四万の魅力をよその人たちは気づいているのではないか」「ならば我々が見落としている四万の良さを、外の人に教えてもらおう」と、県内外から画家やイラストレーター、彫刻家、カメラマンら12人のアーティストに四万をテーマにした作品づくりを依頼した。そのなかの1人に、私もコピーライターとして参加することになったのである。作品は期間中、四万温泉協会事務局の1階ギャラリーに展示され、ポストカードになり各旅館や商店で販売された。

開催に併せて、中之条町の「ツインプラザ」において「外から見た四万、内から見た四万」というテーマでシンポジウムが開かれ、私もパネリストとして出席した。この時、参加者からは「開発せずに、このままの自然を大切にしてほしい」「看板の設置は景観を損ねないように」「着地点だけではなく、道中（中之条町からのアプローチ）も大切。四季を感じる今の景色を残してほしい」「不便が四万の良さ」「地元の人とのふれあいがある」など、さまざまな意見が出された。また来場者から寄せられたアンケートで一番多かった声が、「何もない良さ」だった。言い換えれば四万は、大温泉地のような歓楽施設やコンビニがなく、他に自然と環境を邪魔するものがないから、純粋に湯を楽しめる温泉地だということである。

あれから11年。その後も私と四万温泉との付き合いは続いている。訪ねるたびに感じることは、20年前も10年前も、そして今も何も変わっていないということだ。だからこそ私は、こうして四万温泉へ通っているのだろう。

日本中どこへ行っても何でもある時代に、「何もない」とは、なんて素敵なことだろうか。

２０１１年8月

小暮　淳

■プロフィル

小暮　淳（こぐれ　じゅん）　１９５８年、群馬県前橋市生まれ。

群馬県内のタウン誌、生活情報誌等の編集長を経て、現在はフリーライター。年間約80カ所の温泉地を訪ね、新聞や雑誌にエッセーやコラムを執筆中。群馬の温泉のＰＲを兼ねて、セミナーや講演活動も積極的に行っている。

ＮＨＫ文化センター前橋教室の温泉講座「探訪！ぐんまの小さな温泉」講師やＮＨＫ-ＦＭ前橋のラジオ番組「群馬は温泉パラダイス」を担当。

著書に『ぐんまの源泉一軒宿』『群馬の小さな温泉』『ぐんまの里山　てくてく歩き』『上毛カルテ』（以上、上毛新聞社）ほか。

［協力］
社団法人 四万温泉協会
社団法人 群馬県温泉協会
群馬県健康福祉部 薬務課

［企画・編集］
プロジェクトK

取材・文　小暮　淳
アートディレクション・写真　桑原　一
装丁・デザイン　栗原 俊文
表紙・グラビア写真　酒井　寛
扉写真　羽田 賢士（四万温泉）

あなたにも教えたい四万温泉

2011年９月15日　初版第一刷発行

発　行　上毛新聞社事業局出版部
〒371-8666　群馬県前橋市古市町一丁目50-21
tel 027-254-9966

※価格はカバーに表示してあります。